博瑞森图书
BRAGE

企业阅读 本土实践

用营销计划锁定胜局

用数字解放营销人2

黄润霖◎著

中华工商联合出版社

图书在版编目（CIP）数据

用营销计划锁定胜局：用数字解放营销人 2/黄润霖著．—北京：中华工商联合出版社，2015.4

ISBN 978-7-5158-1159-8

Ⅰ．①用…　Ⅱ．①黄…　Ⅲ．①营销管理　Ⅳ．①F713.50

中国版本图书馆 CIP 数据核字（2015）第 056596 号

用营销计划锁定胜局：用数字解放营销人 2

作　　者：黄润霖
责任编辑：于建廷　效慧辉
责任审读：郭敬梅
封面设计：久品轩设计
责任印制：迈致红
出版发行：中华工商联合出版社有限责任公司
印　　刷：三河市文阁印刷有限公司
版　　次：2015 年 6 月第 1 版
印　　次：2015 年 6 月第 1 次印刷
开　　本：787mm×1092mm　1/16
字　　数：200 千字
印　　张：15.5
书　　号：ISBN 978-7-5158-1159-8
定　　价：56.00 元

服务热线：010－58301130
团购热线：010－58302813
地址邮编：北京市西城区西环广场 A 座
19－20 层，100044
http：//www.chgslcbs.cn
E-mail：cicap1202@sina.com（营销中心）
E-mail：gslzbs@sina.com（总编室）

博瑞森图书：企业阅读　本土实践

亲爱的读者朋友：

也许您是博瑞森图书的老读者，也许是新朋友，欢迎您阅读博瑞森图书！

当今中国，各行各业都存在着转型升级的压力与机遇。博瑞森图书与您一同应对转型挑战并发现其带来的机遇。

我们一直在问：什么样的书能为您解决管理难题并带来启发？

我们一直在找：哪些作品能帮助企业从跟随到领先？

我们一直在做：把最好的作品以最便捷的方式呈现给您，纸质版、电子版、书摘邮件、微信……

我们策划图书的原则是：

- 企业阅读——与您一样，做水中的游泳者，而非岸上的观众或教练，企业的困惑就是我们的任务。
- 本土实践——与您一样，立足本土环境，追求卓越实践，传播最适合当下中国企业的管理之道。

我们也向所有的企业管理者、管理咨询专家和企业研究者征稿，让更多被实践检验的好思想、好方法迸发出来，为企业助力！（bookgood@126.com 或 QQ：1963328416 或手机号 13611149991，绝非“自费出书”，不向作者收取任何费用）

如果有一天，您把博瑞森图书视为您优秀的事业伙伴、管理助手，我们也就实现了自己的梦想。

博瑞森图书

凡购买本书的读者，都将免费获赠本书精华电子版＋书币，请登录博瑞森管理图书网，输入刮刮卡号码，即可下载电子版、领取书币。

自　序

基数与概率，营销计划的应有之意

记得一年前的岁末，有一晚和朋友闲聊到这样一个话题：营销计划的落地，到底依靠什么?

是执行力吗?如果方向就是错的，执行力越强，南辕北辙得越远。

是企业资源吗?如果真是如此，资源丰富的企业就应该基业长青、千秋万世。

是市场环境吗?如果真是这样的话，有计划和没计划已然没有区别。

那晚，最后达成的共识是：从宏观、不可控层面看，当营销人员无法解决问题时，就会寻找推脱责任的借口。从微观、可控的层面看，营销计划落地后，营销人员其实只需解决两个问题：基数与概率。

乍一听，很多营销人员可能会“丈二和尚，摸不着头脑”。这两个数学上的专业术语和营销计划有什么关系?

其实，说得玄乎点，所有事情的成功，都未曾离开过基数和概率这两项铁律。

先说基数。在营销计划中，规定一定的工作量是计划落地的基础。当我们要完成一件事情时，提高工作量是一个“笨办法”，但这也是一个最有效的办法。比如掷色子，需要一个6点，你掷1次和掷10次是不一样的，因为掷10次掷到6点的概率肯定会更高。做销售，何尝又不是如此。要开发一个潜在客户，如果两个销售人员分别对他拜访1次和10

次，当然是拜访10次的那个销售人员更有机会成功。换句话说，当没有一击即中的方法时，通过提高基数，扩大工作面，也是确保取得好结果的有效办法。

再说概率。正如基数部分所言，规定一定的工作量，是计划落地的基础，那这个"一定"的工作量是多少呢？又怎么确定呢？这就涉及我们要谈到的第二个概念：概率，即控制概率。

控制概率包含两个方面的内容：一方面是指提高概率，通过提高业务技巧，签订潜在客户。一般业务技巧好的销售人员拜访客户3次以内基本能谈妥，而大多数销售人员可能需要7次左右，弱一点的人员可能需要10次及以上才能最后敲定。所以，在营销计划里指明方向和陈述方法是提高概率的一种有效途径。另一方面则是利用经验概率，比如签订一个潜在客户，拜访1次的成功率是5%，拜访7次的成功率是60%，拜访10次的成功率又降到了30%，那么应该规定销售人员拜访多少次才合适呢？显然，我们更愿意将拜访次数控制在7次左右，因为经验数据告诉我们，拜访7次左右签订客户的成功率最高。

问题又来了，概率是从经验数据而来，那么经验数据又是从何而来的呢？简单点说，当然是靠平常日积月累。众所皆知，企业愿意花更高的工资招聘有工作经验的营销人员，就是看中他们的经验感觉，更确切地说，其实是企业有了一个基本假设，认为有工作经验的人员已经具备一定的经验数据，能更好更快地为企业带来效益。例如，他们知道在现有市场条件下，一个8折的促销活动市场会有多大的反应，一场准备充分的200人会议营销又会有多少人签约。但是，很多营销人员没有去留意和积累这些数据。结果，企业花了有工作经验人的工资，用了一个没有工作经验的营销人员。

经验数据是感性的，也是不稳定的。一个优秀的营销人员，不仅仅会积累经验数据，更会运用一定的科学方法筛选、提炼和总结经验数据，将经验数据进行二次定位加工，剔除偶然因素、异常数据。比如，很多时候我们看到营销计划上一个冷冰冰的数字，但它可能已经经过大量的、复杂的数据计算。

也许，我们不仅需要营销计划的落地，更需要基数与概率的不断规划。我们在人生道路上，要达成每一件事情，又何尝不是在扩大基数与提高概率上努力呢?

黄润霖

2015 年 1 月 19 日

前　言

营销计划类的书，这不是第一本，也不会是最后一本。

如果说，从纯数字角度谈营销计划的来源、分解、匹配、考核，这本书应该算得上是第一本。

这本书不是让大家知道各类营销计划由哪些部分组成，学会怎样写营销计划才会更吸引人，其他营销计划书籍就相关内容早已笔酣墨饱、不赞一词。

笔者之所以决意写这本书，有两个方面的考虑：首先，2013 版的《用数字解放营销人》（中华工商联合出版社），由于时间仓促，有不少漏洞和瑕疵，所以希望通过本书，对这个遗憾有所弥补；其次，营销计划的量化在国内的营销界始终没有得到应有的重视，很多人可能有一个明确的数字目标，但这个数字不是通过科学的方法、合理的逻辑推算出来，而是通过“拍脑袋”决定的。

其实，从事数字类的营销培训和书籍撰写，很多时候都是出力不讨好。一是量化类的书籍，要想消化、理解其中的技巧和方法，需要学习者拿着纸笔，跟着传授者的思路亲自演算一番，才能算得上是真正理解和掌握。就像教人游泳、骑自行车，如果学习者不亲自试一下，仅仅用社会科学的学习方法去“领悟”应用科学的专业知识，自然容易头晕眼花。二是量化营销涉及应用科学某些复杂公式的换算，要彻底弄懂，还需一定的数学基础，这也成为量化营销普及度不高的门槛之一。

本书从营销计划入手，将每类计划分为目标设定、目标分解、资源匹配和计划考核四个部分，用“数字”这条主线贯穿全书。另外，根据各计划的目的差别，内容介绍也有所侧重。目标设定部分注重讲解目标数字的来源，目标分解部分侧重分解的数字原则和依据，资源匹配部分侧重考虑投入产出，计划考核部分则更多聚焦在数字的比对和矫正上。希望这样的介绍，有助于读者对本书的写作思路和目的更加了解。

北京博瑞森管理咨询有限公司（简称博瑞森）可以算作我的老朋友了，张本心先生十年如一日培养的精英团队，为本书从创意到成型提供一如既往的专业服务，博瑞森自身的定位与推广也日臻完善。我要真心感谢本书的策划人马优女士，是她的提议触动了我撰写此书的动机。对幕后的编辑、美工等工作人员，在后期书稿成型上付出的心血与努力，在此也一并表示感谢。

同时，还需要感谢的人，有我的妻子黄译萱女士。在写稿期间她为我提供相对宽松的生活环境，那份相守相携，那份夫妻间的信任与理解，让我更感身上的责任和担当。在此向我那平时因为工作而无暇顾及的儿子致歉，你已经是三年级的小男子汉了，希望你能真正爱上数学这门学科。

最后，愿每一位读者能在本书中有所获益，即使收获只有那么一丁点，也算成人达己，我愿足矣。

引　子

为什么要用数字控制营销计划

一个公司的销售业绩，到底是超计划完成好，还是照计划完成好，见仁见智。

销售超额、销量翻番，自然是皆大欢喜，求之不得。但超计划销售的背后，企业是按超计划配备产能，还是遵循原计划仍然疲于奔命？市场利好，销售却按部就班，没有弹性且不能调整的计划，会不会是蓄意地、有组织地进行生产浪费？

计划好坏，无关结果。失控的计划都是坏计划。

一个公司的销售业绩，是用定量指标控制好，还是定性指标控制好，可能大多数人都默认定量指标优于定性指标。但是每每落到计划上时，定性指标却总是战胜定量指标。

从大大小小计划中的“要怎样”到执行计划中的“怎样干”；从“实现销售翻番”到“实现销售额同比增长100%”；从“客户开发数量达到千余家”到“客户开发数量达到1280家”，虽然只是毫厘之差，却已谬以千里。

计划好坏，无关目标是否宏伟。不能衡量的计划都是坏计划。

我曾经的一个同事是供应链总监，台湾人，做事严谨、刻板，不苟言笑且沟通困难。

一次年末，销售超额完成，完成率达到175%，年会上当全公司都在欢呼销售形势一片大好时，这个台湾籍的供应链总监却出乎意料地向销售部门发难："这是糟糕透顶的一年！"他用了"糟糕透顶"这样一个形容词开始他的感慨。

"虽然我知道全公司都在庆祝销售超额完成，但是全年 12 个月，没有一个月出货是按照计划的。有的月份出货量超出计划的两倍，有的月份出货量却连计划的 60% 都达不到，也就是说我们的生产线和仓库每天都在'暴饮暴食'。谁能告诉我，明年是按年初计划的 175% 配备产能进行招聘工人、购买设备，还是像今年这样，穷于应付？如果超标配备产能而销售又达不到计划的 175%，如何消化这些产能？如果仍按年初计划配备产能，出现供不应求以致缺货、断货的情况，销售部有没有考虑一些可替代的方案？如果计划只是挂在墙上的一张纸，公司的生产系统迟早会被毫无计划的销售彻底损坏。

"还有，请销售部的同事不要再用'大约'、'可能'、'应该'等字眼将销售计划传递给生产部门，我们要的只是一个简洁的数字而已。"

"还有比这更糟糕的事情吗？"质问的结尾，依旧"尖酸刻薄"。

站在销售人员的立场，我很难不用苛责的眼光去评价这位台湾同事；但是站在管理者的角度，一份不被数字控制的营销计划和一场可以预期到来的灾难相差无二。不重视计划的可执行性、不重视计划的可衡量性，结果也许正像他质问的那样："还有比这更糟糕的事情吗？"

目录 contents

第一章　营销计划为什么做得不靠谱

第二章　市场调研——数字的源头与再分配

第四章　招商计划，必须做好的四件事

第五章　销售计划是整个营销计划的重点

第六章　促销执行计划是营销计划的最佳后卫

第七章　客户管理计划，数字背后的客户价值

第一章

营销计划为什么做得不靠谱

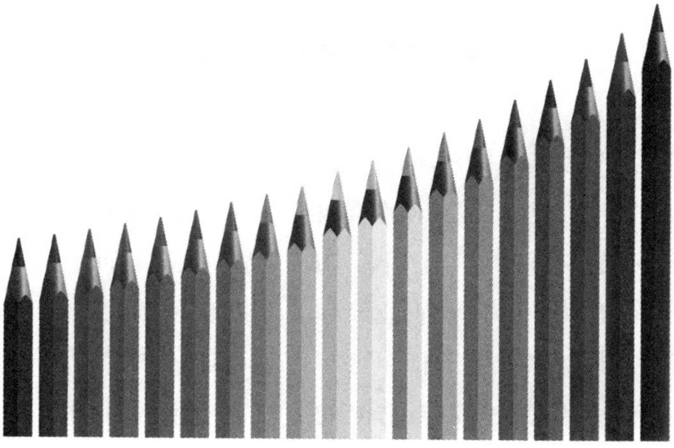

从2013年年底开始，作为制造工厂中小企业主的典型代表——赵老板的烦心事一件接着一件。且不说“只为他人作嫁衣”的OEM（代工）业务日渐萎缩，仅2013年年初投资的电商项目运营现状，就够他焦头烂额啦！

那些职业经理人为什么年初做计划时，都信誓旦旦、言之凿凿，但到年底清算时，都落了个“理想很丰满，现实很骨感”的悲惨结局呢？这是赵老板有点明白但又不太明白的事情。

第一节　别以为自己能成为站在风口的那头猪

鉴于目前的运营现状，而生产出身的赵老板对电商运营又没有实际经验，因此，希望逐步退出甚至放弃电商项目运作的想法，在赵老板心里已经不是一两天了。但看着OEM生意一天不如一天，赵老板心里似乎又仍有不甘。再翻看职业经理人年初做的项目计划书，那些曾经的宏伟蓝图现今如海市蜃楼，可望而不可即。摸着嘴角因为着急上火而起的水泡，赵老板只恨自己当初太轻信所谓的计划，落得今天现在为难的地步。

随着第一笔投入资金的耗尽，确定赵老板绝不会再投入后续资金的职业经理人老吴，最终选择了离开。老吴离开之际，也是电商项目正式解散之时，赵老板选了个幽静的地方为老吴饯行：一来好聚好散，二来赵老板想解开心头的疙瘩，于是有了下面关于营销计划的一段经典对话。

“老吴啊，咱们合作将近两年，这个电商项目承载着我开发自有品牌的所有期望，今天止步于此，心有不甘啊！”

“赵老板，对于今天这个结果，我也是心中有愧的!”老吴一脸苦笑。

“其实，这段时间，我一直在看你2013年年初做的运营计划。说句实在话，这个营销计划并没有什么问题，目标和动作分解也写得很清晰，为什么还是出问题呢?”赵老板把玻璃杯中剩下的啤酒一饮而尽，然后轻轻地将酒杯放在桌面上。

“赵老板，到了今天我也没有必要瞒您，我们当时定的600万元的销售目标，日流量10万人次，年交易客户2万人次，不低于10%的二次购买率这些量化指标都没有问题，问题在于分解这些指标时，与资源的匹配出现了问题。”

“噢!”赵老板不由自主地把身子往前探了探。

“其实，要完成600万元的销售任务不是不可能，极端的做法就是在淘宝、天猫上刷单、刷信誉，这早已有一条成熟的灰色产业链在提供服务了，是公开的秘密，但这不是生意的本质。”

老吴显然喝得有点高了，又倒了一杯。

“我们品类的电商渠道均单价为300元左右，600万元大概需要2万单的交易。要达到这个目标，在实际销售时间全年只有7个月（6月1日店铺开张）的情况下，按200天计算的话，则每天需要100单。考虑这个品类平均销售转化率为2.5%，那么要达到100单的最低交易量，8月31日后每天至少需要4000位独立访客。当第二个月日均人流量达到1000人次时，通过天猫内部平台获取流量的成本已经达到了2.89元/人次，如果继续这样下去，年初预计的100万元流量获取费用就明显不够用了。”

老吴剔掉塞在牙缝里的肉末，用杯里的啤酒漱了下口，接着说道。

“我开始转而追求其他渠道的流量，像折800网、卷皮网等低价平台、淘宝客的流量及其他门户网站的流量。低价平台的流量很大，但流量不稳定，且客单价只有预期的1/10；淘宝客的流量虽然稳定且质量稍好，但淘宝客们更喜欢推广成熟的产品，对于我们来说没有这个优势；而其他门户网站的流量从展现到点击到转化，转化率连万分之一都不到，获取成本虽然低，客单价有所提升，但无效流量太多，对整体销售的贡献率始终难以突破10%。”

赵老板听着老吴满口的专业名词，笑而不语。

“这样一来，到9月我们已经面临两个选择：要么追加在天猫的推广费用，用费用来换销量；要么重新定位转做细分市场，暂不追求销量而用时间的沉淀来做品牌特色。后面的事情你也知道了，这两个选择我都不能选，所以只能从利益最大化的角度考虑，继续用低价平台和淘宝客的廉价流量来支撑销售，用低价换取销量。换句话说，10月以后，年初的销售计划实际上已经失控了。”

“那你年初做计划的时候，为什么没有将这些因素考虑进去呢？”赵老板不由自主地追问了一句。

“其实说一句不该说的话，刚开始的时候，谁都希望把计划写得漂亮些，以便顺利地拿到第一轮投资，只要投资者问不了那么细的环节！”

赵老板有些调侃地追问：“你不是经常说，销售最大的痛苦就是要最终被打回原形吗？”

老吴叹了一口气，有些自嘲地说道：“是啊，但是你也知道雷军说过一句话：‘台风来时，只要站在风口，猪都能飞上天！’那个时候，我以为自己能成为站在风口的那头猪！”

按正常人的心理，为获取更多利益，规划者都会尽可能将风险最小化、利益最大化。审核者要辨别计划是否可行，不仅需要知道明确的数据，更要知道数据是怎么来的，即“凭什么会有这个数据”，这里只能凭两条：**一是已被验证的计算公式；二是合乎常理的经验数据**。第一条好理解，第二条“合乎常理的经验数据”究竟是什么意思呢？即区别于“拍脑袋”式的经验数据。当我们跨行业、跨专业看某项计划的数据时，所谓的专业人士用“这是经验数据”搪塞你时，唯一的判断标准就是它是否符合生活认知的常理（当然，你也可以求助其他专业人士）。正如你可以不了解一个业务人员管理多少客户合适，但你得知道一个业务人员一天跑几个县城合乎常理。如果计划的审核者不能将“凭什么”问得清清楚楚，稳妥的做法就是先将这份计划放在案头，并对它打上一个大大的问号。

第二节　一次漂亮的促销计划汇报

小赵是今年大学毕业的应届生，来到这家公司还不到三个月。前期三个月的市场实习，被分配到了销量排名靠前的南京办事处，具体职位是小区的推广策划专员。由于这类工作每天要接触和处理各类报表，形成计划和结案，所以这三个月的实习期，小赵主要的工作内容就是跟着南京办事处的市场主任学做计划。前期由于工作经验不足，每次将计划报给市场主任审批时，因计划存在某些漏洞，小赵总被市场主任问得哑口无言，几乎每次都只能拿着被批得一无是处的计划文案，狼狈地回到办公桌，边抹眼泪边调整计划。

上星期小赵又接到了市场主任的工作安排，为辖区重点客户袁老板做一份促销计划文案，熬了一个通宵，今天上午终于大功告成，吸取前几次汇报计划的教训，小赵为这次计划汇报做了充分的准备。

“李主任，这是袁老板门店的促销计划，您先看看！”小赵将促销文案小心翼翼地放在市场主任的办公桌上。

“你别走，我先不看，问你几个问题，回答清楚了就行！”李主任一副公事公办的老套路。

小赵轻轻地清了下喉咙，下意识将身板挺直，他知道马上将有一场暴风骤雨式的拷问。

“小赵，这6.7万元的7天促销目标是袁老板自己提的，还是你们给他强压的?”

“李主任，去年同期袁老板这款促销品的销售量是51台，每台零售价为998元，合计50898元，这是在没有促销支持的情况下实现的销量。经过和袁老板沟通，他同意针对这款产品进行8.5折促销，也就是每台849元，根据他的进货成本423元/台，按您上次教给我的降价促销公式，袁老板的销量要提升35%，也就是这7天要卖69台，他的盈利水平才能和过去保持一致。根据这个结果，这7天的销售目标就调整为58600元。”

“袁老板对促销效果这么有把握?！能达到35%?”

“这正是问题的关键所在，”小赵接着话继续往下说：“袁老板确实对活动没有这么好的预期，他认为降价促销能多卖10台就不错了，但是他愿意拿出2000元费用，针对周边小区和市场进出口进行人流拦截和推广，这样一来，我又用费用投入型的促销公式，测算出袁老板要卖76台才能盈亏平衡，也就是您现在看到的这个数即6.7万元。就将76台的销售目标进行了分解：按前几场促销效果的评估，现有市场的人流加上8.5折促销，估计能实现销售51台；我们准备在袁老板那个市场的四个入口处各招聘一名临时促销员，通过‘派发单页’、‘进店有礼’等活动，每人每天必须至少要引导10个消费者进店了解活动进行考核，少拉1个消费者扣5元，按10%的成交率，7天就能新增至少28台的销量，也就能达到79台。当然，为了万无一失，我还联系了周边两个小区的物业，准备在活动期间，在这两个小区做一个促销展示区，按60%的入住率，10%的成交率来核算的话，这两个500人以上的小区，至少在活动期间能提供6台的补充销量。所以在活动计划的最后还有一个小区活动推广文案的补充计划!”小赵语速变得越来越快，自信心有些飘在了半空中。

“又是市场推广，又是小区推广，2000元的费用，够吗?”李主任再次追问道。

“说够也不够，说不够也够！”这近三个月市场锻炼，也让他开始变得有些油滑起来，“四个临促销员每人每天50元，7天就去了1400元。两个小区物业的进场管理费原来要求每个每天100元，后来谈了个总价7天500元搞定，剩下的100元主要就是印刷500张宣传单页，询了几家价，人家都不愿意接，现在还有点麻烦。小区推广的帐篷和展台就用公司原有的物料，展示所需的产品和2名小区咨询员，老袁会提供，6台销量也会单独考核。店内的促销海报我会用白板笔和白板纸手工完成，进店的小礼品这些东西将就着咱们仓库里的物料来用。”

“嗯，不错！”听完小赵的汇报，李主任绷紧的面部表情开始慢慢舒展开来，“那个印刷单页的事情，你去找这个做印刷的人，这是我们一直合作的一个客户，应该能提供这个方便！”李主任边说边从名片夹里抽出一张半新的名片，递到小赵的面前。

“OK，保证完成任务！那我先出去了。”这次计划汇报是小赵这么多天来最顺利的一次，按捺不住内心的激动，居然在领导面前飙了个英文单词。经过三个月的市场实习，小赵实际上已经摸出了促销计划的执行规律。从目标导出（降价后的盈亏平衡计算数量76台）到目标分解（店内自然销售51台、市场拦截28台、小区拦截至少6台的销售目标）再到资源匹配（四个临促员费用1400元、小区拦截的场地费用500元、DM即快讯商品广告单费用100元等）到最后的计划考核（少拉1个消费者扣5元、6台销量单独考核），均具有明显的数字化导向，而这些数字和目标之间有着清晰的逻辑关系。只要执行到位，达成结果是水到渠成的。我们将这种计划导出的方式称为**“数字因果法”**。

数字因果法遵循三个基本原则：

（1）目标来源有清晰的计算依据，目标拆解有合乎逻辑的过程。

（2）计划过程遵循目标设定—目标分解—资源匹配—计划考核四步法，以确保逻辑的承接关系。

（3）关键指标的量化以统计数据为主，经验数据为辅进行修正。

可以将上述促销计划简化为图表关系（如图 1 – 1 所示）。

目标设定	目标分解	资源匹配	计划考核
促销盈亏平衡公式 76台	(1) 自然销售51台 (2) 市场拦截28台 (3) 小区推广6台 合计：85台	(1) 店内海报自制及正常导购X名 (2) 市场拦截临促员4名、OM单页500张 (3) 2个小区推广咨询员2名及常规性物料	(1) 店内导购51台销量，纳入常规考核 (2) 临促员每人每天10个消费者进店指标，缺1人扣5元 (3) 咨询员每个小区3台，合计6台

图 1 – 1　促销计划简化图

第三节　那些年，营销计划里常犯的错

新的营销思想和营销理论不断出现，营销计划也得到了前所未有的重视，但由于多数人做营销计划时，缺乏基本的方法和套路，导致目标的主观性、过程的随意性、结果的不可控性等现象时有发生，而这又让大家看到了另一种假象：有没有计划好像没有那么重要，结果好，才是真的好！

营销，尤其是销售，最痛苦的事情是一切终究会被打回原形！营销的结果具有导向性，需要把结果变成看得见、摸得着的数据，计划是实现这一功能的重要工具，量化指标则是这一工具上的标准刻度，营销计划的目的就是要将这一刻度进行精确展示。抛开数据谈营销，抛开数据谈计划，其实都是“空对空”的嘴上功夫而已。本书探讨的重点就是如何用数据来贴合营销计划，并用营销数据来管理营销计划，让营销计划的目标合理、过程可控、结果可查。

那么，现在谈的数字化营销计划，和以前做的营销计划有什么不同呢？如果从本质上来总结，指标量化优先、数据来源明确、过程逻辑清晰、结果明确可查是最大的区别。

（1）所有目标能量化的必须量化，不能量化的指标尽量剔除。

平常制订各类计划时，有人为了让计划文案显得更充实、更具经济性，人为地在计划中罗列过多的定性指标，而这样的指标既不能被评估，又不能被执行，自然而然地导致目标无法被衡量。例如在促销计划中，有人经常会提到促销的目的之一是提升品牌在区域内的知名度和美誉度。实际上，对于一份促销计划，尤其是一份区域性的促销计划，提升品牌知名度和美誉度的指标显然过大、过泛，也很难执行和测量，促销计划还是应该回到以促进销售为主的目的上来，这样的计划目标会更加聚焦，执行也会更加有效。而提升品牌知名度和美誉度的任务，尤其是测量知名度和美誉度的任务，通常会由专项的市场活动和专业的调研活动来支持。

（2）所有计划的定量目标来源，只有两个出口。

这两个出口，也就是我们前面讲到的：一是标准公式，而且这些公式早已被广泛应用；二是经验数据，这些数据不违背认知常识。

这里需要强调的是，**以计算公式为第一选择，以经验数据为第二选择**。虽然从前的很多计划，也有不少是数字化的目标，但这些数字化目标基本来源于所谓的“经验数据”，这些经验数据不是来自对历史数据的累计和再分解，而是一厢情愿的“行政目标”，导致计划时拍脑袋、执行时拍胸脯、总结时拍屁股的“三拍”型业务人员的大量存在。我们所说的“经验数据”，是以不违背认知常识为前提的，它至少满足以下两个条件：说的人，3 句话能说清楚；听的人，30 秒钟能想明白。若不能如此，所谓的经验数据多半是伪经验数据。

（3）目标分解的依据是一个逻辑推进的过程，既遵循科学量化分解的标准，也遵循经验数据修正的原则，但合乎逻辑必须是第一位的。

比如将销售数据进行区域分解，应按照各区域上期销售的比例，作为分解的数据基础，在这个计算结果之下，再根据新增的网点基础、实际的客情关系等因素进行相应赋权（赋权是将定性指标转化为定量指标的常用方法），再根据这个权重来调整区域的销售比重。有人会质疑：这样的方法和拍脑袋，分任务有什么区别；你想给谁的指标高点，人为地把权重提高不就行了吗。我想表达的是：我们是以各区域上期销售的比例作为分解的数据基础，如果大幅偏离这个比例，这些符合经验的数据不应该违背认知常识的要求吗？

（4）过程的监控指标必须量化，目标的评估方法必须在计划中体现，最大限度地剔除人对结果的影响。

参与过计划执行的人知道，每个执行者会对自己的任务内容比较了解，而对计划动作背后的意义不太清楚。因此，为了保证执行者充分落实计划，将动作分解为量化指标就非常必要。如前面促销计划里提到的临促员，实际上每个临促员每天只要完成 1 名购买者就够了，为了在基数和概率之间取得平衡，所以稳妥的做法是，要求临促承担更多的入店人数指标，这就为监控指标的量化打下了基础；另一方面，目标的评估方法必须在计划中体现，主要有两个目的：一是迫使计划者想清楚收集数据的目的和意义；二是不会因为人为因素，擅自调整数据处理方法，让数据为人为目的服务，最终偏离了计划本身的目的。

当然，不能排除在有些行业或企业，不重视营销计划甚至不做营销计划的前提下，企业销售也在某个阶段会有高速发展，初创企业多是如此，这是不是从另一个侧面证实了计划的可有可无呢。

应该说，行业的发展阶段不同，企业对计划的依赖性也有所差别。对于高速发展的新兴行业的小企业，行业发展的本身红利会掩盖很多企业问题，即使犯错，企业付出的成本也不高，而没有计划的支撑，选对了方向一样可以迎来机会。但是随着企业越大，行业越来越成熟，犯错的成本会越来越高，“拍脑袋”型的决策风险越来越大，成功的概率相应地越来越低，认为小企业不需要计划的人，应该说犯了以偏概全的错误。

那些年，不做营销计划也能过得很好，不是计划不好而是行业太好；那些年，营销计划即使出错也还风平浪静，不是计划没用只是运气太好。

第四节　营销计划不得不说的四个秘密

要设计出一份比较有质量的数字化营销计划，自始至终将量化标准贯穿在计划当中是前提，其中数据的来源、使用、落地又是重中之重。鉴于数字化营销计划的基本逻辑，我们将其中的四个关键体系进行了提炼与总结，并逐一介绍。

一、营销计划的指标体系

在营销计划的量化体系中，排在第一位的就是营销计划的指标体系，而指标体系中最为关键的又属数字指标。所有数据的来源、分解和落地都有对应的数字指标来执行，这些数字指标都是符合数理逻辑、而且是经过实践验证过的公式和方法。

下面，以促销计划为例，来看看数字指标在数字化营销计划中的分布情况。

将促销分为利润导向型促销和份额导向型促销，其中利润导向型促销又分盈利促销和亏本促销。利润导向型促销是根据利润指标来定的，份额导向型促销是根据销量目标来分解消费者（客户）数量的，份额导向促销的目标虽然也是来自行政命令，但经过消费者（客户）的价值公式分解，就能够确认这个目标可不可行，如果必须要执行，需要多少资源。最后还需要强调一点，计划考核的数字指标不要太多，结果指标通常就以销售数据为准，过程指标就以消费者（客户）的获取数量为依据。

促销计划的数字指标体系分解如下（如图 1－2 所示）：

目标设定
- 盈利促销：主动变价促销公式：固定投入的促销公式
竞争对手变价促销公式：厂家变价促销公式
亏本促销：库存抛售点公式
不亏本促销：最低销售目标公式

目标分解
- 盈利促销：历史份额（其他因素）权利分解、客户无可争辩 单价模型
亏本促销：历史份额（其他因素）权利分解、客均单价模型；特定渠道包销计划
不亏本促销：已获利客户的终生价值公式、潜在客户的终生价值公式；销量目标与客户价值分解出来的所需客户数量

资源匹配
- 各类促销、渠道历史消费者（客户）的获取（均值）成本公式
各类促销、渠道历史消费者（客户）获取率、挽留率（均值）指标
由获取成本与获取率、挽留率导出的资源总量

计划考核
- 对销售结果的考核与消费者（客户）获取指标的考核

图 1－2　促销计划的数字指标体系

二、营销计划的分解体系

营销计划分解体系的秘密除了分解公式的应用外，分解的逻辑也非常重要。有人喜欢将计划分解到业务人员的头上，就停止分解，误以为万事大吉，大功告成。实际上，业务人员本身只是价值衍生体，只有客户甚至是消费者才是价值的来源。所以目标分解，只分解到客户和消费者头上才具有现实意义和价值，才能对销售过程进行真正监控。

那么目标分解中提到的历史数据从何而来？除了以自身数据的积累为主外，参照行业的经验数据也是一个不错的选择。对于新兴行业的新兴企业，如果没有任何数据可以借鉴的话，唯一的选择就是请最高决策者“拍脑袋”。在这种情况下，之所以选择请最高决策者“拍脑袋”，一是因为最

高决策者是信息最完整和最丰富的接受者，是新兴企业里最有可能做正确判断的人；二是因为最高决策者一般都是企业里最有权威的人，这样的人“拍脑袋”发布的命令，即使有误差，被完整执行的概率也比其他人高。

三、定性指标转化为定量指标的转化体系

应该承认的是，不是所有的指标都可以用数字的方式直观呈现，某些定性指标，如经销商与厂商依存度指标，消费者对产品的喜好或偏好指标，本身就不具备量化特性，我们对这样的指标进行评估时，又应该如何调整和量化呢？对于喜好、态度、关系等一类的评价指标，进行量化指标的转化，通常采用两种方式：一是将这种以感觉类为主的指标用数字的大小来表示程度的深浅，如采用1—10来表示经销商对公司业务人员专业技能满意度的量化指标。二是采用经验数据对定性指标进行补充说明。如经销商希望公司在当地投放广告，希望通过提高知名度来提高零售利润，但厂家认为投放条件不成熟。因为在该地区没有任何广告投放的经验数据，也没有相关公司能够提供数据，厂家要说服经销商则只能从经销商利益角度用经验数据进行说明：市场调研的经验数据表明，广告解决的是销量问题而不是利润问题，对于知名品牌而言，少量广告宣传的区域，零售利润比大量广告宣传的区域高出20%；而对于中小品牌而言，这个利润差异也有9%。如果是为了获取更高零售利润，广告不是有效途径。

四、弹性计划对定量计划的补充体系

由于获取市场信息的方式和手段的局限性，做出的计划，很多时候都赶不上变化，会面临结果与计划存在落差的局面。为了让计划更贴近目标，尤其是定量目标，在制订计划的过程中，还有哪些办法，让结果落在可以接受的范围区间内呢？

就如上文的促销案例一样，其中的一种方法是让分解量大于目标量。需要强调的是，这里说的分解量一定是多个渠道、多个品类、多个分计划

的汇总量，而不是将所有目标放在某一个分解项中，或者只是将某一个分解项承担的任务提高。如前文提到的促销计划分解项就涉及了店内销售、市场拦截、小区推广三个分解项，三个分解项承担的任务量大于目标量，而不是将宝押在某一个分解项上。这样做的目的一是将风险分散，二是可以促进业务人员多想办法，为销售目标的实现提供更多可能。

第二种方法是做最坏结果的资源计划。记住，是资源计划而不一定是资源准备。当市场情况不容乐观的时候，在最差情况下要达成销售目标，需要清楚了解消费者（客户）的获取量是多少，再根据单个获取成本来计算资源总量。计划最差情况下的资源总量的目的，是要让决策者明白，如果发生最差情况，是否有能力和意愿提供这些资源。如果承担这些资源的能力不够，那么这个计划可能需要再讨论，如果结论 OK，可以按正常量（而不是最大量）来准备和匹配资源。需要补充的是，这个时候有必要将计划人为地分为几个检查阶段，每个阶段都要进行评估和再判断，并适时地调整计划和执行方案。所谓数字化营销计划的四个秘密，其实也称不上秘密。除了营销计划的（数字）指标分解体系属于技术性指标，其他三个体系都属于方法性指标，之所以强调方法性指标，是因为一个训练有素的营销人员和一个训练无素的营销人员的最大差别在于：训练有素的营销人员在陈述和思考同质性问题时，即使面对不同时间、不同地点、不同对象，所使用的方法和逻辑还是基本一致的；而训练无素的营销人员在陈述和思考同质性问题时，即使在相同地点、相同对象的情况下，使用的方法和逻辑都是随机的，甚至是混乱的，由此产生的结果也会是不确定的。这才是强调营销方法、营销套路的真正关键所在。

第二章

市场调研

——数字的源头与再分配

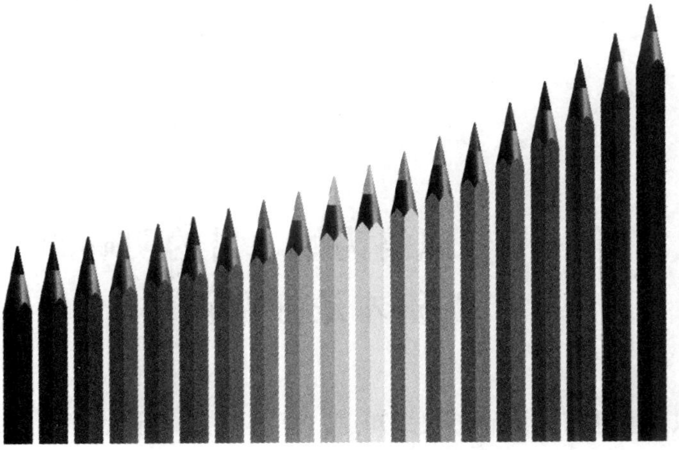

市场调研是进入市场的开始，能不能发现问题找到机会，关键在于有没有真正蹲下身子看市场。有人觉得市场调研是调研公司的活，数据分析太复杂，所以像甩包袱一样甩给调研公司；有人认为市场情况太复杂，不是一两次调研就能弄清楚的，要靠领导者的灵光一闪和市场经验。现实的情况真是这样吗？周星驰在《食神》里告诉我们：“只要用心，人人都是食神。”

市场调研通常分三个阶段：调研计划阶段、调研实施阶段、调研总结阶段。我们提到的市场调研的量化，就是对这三个阶段出现的相关问题，尤其是量化问题进行解剖与介绍。

从分类上讲，市场调研及计划的种类繁杂、支系繁茂。这里仅从营销计划的实际应用角度着手，主要介绍企业自身组织的（而非聘请专业的调研公司）定量市场调研，达到描述市场、评估市场、预测市场的目的。

第一节　以终为始，目的明确的调研才是好调研

组织过实地市场调研的人都知道，有些市场调研执行完毕后，写调研报告时才发现，需要收集的数据并不完整，有些收集上来的数据却没有实际作用。这个时候再回头去收集数据，因费用等因素的制约，已经不允许了，怎么办？只好将涉及这方面的问题一笔带过，市场调研不得不留下遗憾。

这种情况的出现，多半由于做调研计划时没有完全想清楚调研目的，目的不明导致路径不明，致使调研失败。以某快速消费品针对竞争对手进行的一次调研活动为例：看看对调研目的表述的明确与否，会导致怎样的

结果误差。

表述一

调研目的：

（1）了解市场竞争的整体格局。

（2）了解各品牌不同消费人群行为方式的差异。

（3）与主要竞争对手进行优劣对比，寻找可能的市场竞争方式。

表述二

调研目的：

（1）落实五大竞争品牌的市场份额、消费者品牌评价、主要销售渠道与区域、零售商关系等指标，并尝试对影响上述指标的因素进行分析和应用。

（2）测试五大竞争对手的消费者由于在生活方式、性别、地域上的差异，所带来对口感的评价差异情况，以明确销售应对方式的调整。

（3）对比五大品牌在口味、包装、渠道、价格等方面的优劣，找到最优的竞争方式。

同样是对调研目的的表述，看出两者之间的差别了吗？

显而易见，表述二要优于表述一。表述一除了表述的内容似是而非外，对调研目的的表达存在着以下三个问题。

（1）对市场缺乏基础的了解，导致调研资源的极大浪费。

一般而言，了解市场的格局，锁定排名靠前或者相近的主要竞争对手会更有价值，这项工作，只要有行业经验就能完成。表述一泛泛地表述为“了解整体的市场竞争格局”，既让调研执行者雾里看花，也使调研资源无形之中被浪费。

（2）对需要评估的调研子项含混不清，导致问卷的设计东拉西扯。

表述一提到的竞争格局、行为方式都没有落实在明确的调研子项上，这足以让计划的执行者罗列出不同的评估子项，却可能与调研的初衷背道而驰。明确的调研目的需要有明确的调研子项，在调研计划中没有清楚地列出，执行中就不能被完整地执行。评估子项既支持调研目的，也让计划者理清思路。

（3）对调研目的的表述方式，典型的“说一半留一半”。

既然是目的的表述，那么了解市场格局、了解不同消费人群的行为差异显然不是调研的真实目的。表述一只提及一个不明确的手段，对真实目的的表述戛然而止，极可能将调研引入一个不确切的目的之中。

那么，好的市场调研目的的陈述，究竟应该是什么样子呢？虽然每个人的表述方式可能都不一样，但只要将上述提到的问题表述清楚就是好的表述。对于刚刚入行的新手或者有“强迫症”的人来说，采用套用下文表达格式的方式来训练自己的表述逻辑，也不失为一个很好的方法。表达格式的形式具体如下：

动词（测试、检验、确认、落实等）+ 子项 + 子项…… + 名词（指标、关系、优劣等），动词（实现、达到等）+……目的

将这个句式套用到前文提到的那个例子：

落实	五大竞争品牌的	市场份额	、	消费者品牌评价	、	主要销售渠道与区域	、
动词		子项		子项		子项	

零售商关系	等	指标	，并	尝试	对影响上述指标的因素进行	分析和应用	。
子项		名词		动词		目的	

经过这样的句式训练，既让计划者对目的的认识更加聚焦，也能够使计划者理清思路而不遗漏计划的子项，又可以使其在表述逻辑上条分缕析。

让计划者理清思路不遗漏计划的子项，实际上也为整个市场调研定下了基调和方向。这些子项的选择，某种程度上决定着此次调研计划的成败；也间接确定了子项的量化方法和工具，这是一以贯之的。所以，计划者制订计划时，务必三思而后行。

第二节　市场调研，最容易在哪些地方犯量化错误

上文提到明确调研目的后，随之需要确定子项的量化方法和工具。这一节将重点介绍子项的量化方法和工具。市场调研中，量化方法使用错误的三种常见类型。

（1）对执行的实际预估不足，导致极端数据出现，对极端数据的处理，又以平均数处理不当最为常见。

2000 年，我在长沙协助某建材企业做一次消费者入户拜访的市场调研，负责的那个片区涉及 32 个街道居委会，根据片区和街道住户数，按照人均工作量等和就近原则，划分了每个临时市场调研员的工作区域，经过半天的调研培训后，每个人开始在划定的区域进行入户拜访。

第一天拜访结束后，我将临时调研员交上来的问卷按照规定，进行了简单处理，结果发现一个叫小琪的女孩子交上来的问卷数量不到其他人的一半。我特意找到了小琪这个组的组长，询问原因，组长询问小琪后得到的答复是：今天那个街道的很多住户都不在家，所以拜访不到。我只好叮嘱：明天一定要保质保量！

结果，第二天统计问卷的时候，还是发现小琪的问卷数量与大家的平均工作量少了很多，这次，我直接找了小琪并询问原因，小琪给的答复还是一样：住户真的不在家！当时，我隐约感觉哪儿不对，但又不知道确切原因，只好告诉她：这样吧，明天我和你一起入户拜访。小琪看着我，一脸的委屈。

第三天，我和小琪按行走路线拜访，刚刚走到前两天小琪没有拜访的

住户的街道口，她突然开口叫住我，坦言道：Horace，小心哦，这条街道有3条大狗，其中一条大黑狗见人就扑，太恐怖了，你自己进去，我不敢去。

这个时候，我才突然明白了“住户不在家”的真正原因。

很显然，由于临时调研员是个女孩，有怕狗的天性，目标客户资料没有被有效收集，如果事前对实际执行的情况预估不足，事后对收集上来的不完整数据又处理不当，自然就会得出不合理的评估结果。

来看看下面这个计算平均数的例子：

案例一：5、2、3、3、3、3、3、3、3、3、3、3、3、1、4、2、9999

案例二：3、5、8、14、18、19、20、34、39、50、55、58、64、9270

如果采用传统的加总平均算法，这两个案例中9999、9270都会对最后的结果产生明显影响，那么对于极端值，尤其在常用平均值的计算上，用什么样的方法更合理呢？

这里给大家介绍极端数据中平均数处理的三个方法和原则：

第一个方法和原则为众数原则。当未被整理的数据包里面，出现大量同一数据时，可以认定其能够成为该数据包的平均数代表，如案例一中的“3”。

第二个方法和原则是中位数原则。当大量数据按一定的规则有序排列后，居于中间位置的那些数据可以认定为平均数的代表，计算方法如下：

当样本个数为奇数时，中位数 = $\mathbf{X_{(n+1)/2}}$

当样本个数为偶数时，中位数 = $\mathbf{(X_{n/2} + X_{(n/2)+1})/2}$

所以案例二中样本个数14个，样品数据的平均数也就是中位数 = $(20+34)/2=27$

第三个方法和原则叫废卷评判原则。当样品数据里既找不到众数，也无法按一定的规律进行排列，如何排除极端数据呢？这要用到第三个原则：废卷评判原则。也就是在计划设计之初，要确定好数据收集、整理、舍弃的原则，对一些不符合收集原则的数据，可以在数据处理之前就进行舍弃。

（2）对调研数据的处理停留在简单的加减汇总，缺乏数据的再次分解和二次修正的意识。

还是举一个简单例子进行说明，理解起来可能更容易些。

某公司对一款定位于中高端消费人群的新产品进行消费者购买意愿测试，根据在主城区七个主要大型卖场内进行人员的随机截访，通过调研问卷得到了以下这组数据（如表2－1所示）：

表2－1　消费者购买新产品的意愿测试结果

消费者选项	消费者意愿（人）	消费者比例
肯定会购买	300	20%
极有可能会购买	750	50%
可能会或不会购买	225	15%
极有可能不买	150	10%
肯定不会购买	75	5%
总计	1500	100%

按这样简单汇总得到的数据：调查的1500人里，有1050人愿意购买新产品，按这样的数据去预估市场销量，会是一个正确的结果吗？

显然有些过于牵强，因为在购买测试中，除了购买意愿，至少还应该考虑购买能力的评估，才可能接近市场真相。在市场调研中，有个叫交叉制表的工具，通过加入意图项（在本例中，即收入意图）细分数据，将购买意愿和购买能力进行交叉，得到的数据才更靠谱（如表2－2所示）。

表 2－2　考虑收入意图后的调查结果

月收入 消费者	3 千元及以下		3～5 千元		5～8 千元		8 千元～1.2 万元		1.2 万元以上		消费者比例	总人数
肯定会购买	36%	150	17%	80	20%	50	6%	15	4%	5	20%	300
极有可能会购买	48%	200	67%	325	48%	125	35%	80	17%	20	50%	750
可能会或不会购买	12%	50	7%	35	20%	50	33%	75	13%	15	15%	225
极有可能不买	3%	10	6%	30	8%	20	17%	40	44%	50	10%	150
肯定不会购买	1%	5	3%	15	4%	10	9%	20	22%	25	5%	75
总计	100%	415	100%	485	100%	255	100%	230	100%	115	100%	1500

通过交叉制表工具，发现既愿意又有能力购买产品的人从 1050 人变成了 120 人，那是不是可以说，可以按 120 人的标准来进行市场容量的预估呢。

这里就要介绍市场数据整理的第二个方法，就是经验数据对统计数据的修正功能。

稍有市场调研经验的人都知道，在面对市场调查和采取实际行动之间，消费者还是存在一定的行为差异，经过长时间的数据积累和校验，有经验的调研人员或者营销人员会形成对某些数据的修正自觉意识。这就是大多数公司愿意多花一些工资成本，去招聘有工作经验的员工（尤其是管理岗位）的最主要原因。

这里所说的经验数据，绝不是拍脑袋得来的数据，它是对一次又一次市场实践结果和计划进行比对后形成的经验数据。当然，这个比对过程也是通过量化方法控制的，在接下来的市场调研常犯错误中会对这个方法进行介绍。在这个例子中，经验数据（以收入在 8 千～1.2 万元、1.2 万元以上两个区间为例）是：答案为“肯定会购买”的人群，有 80% 的人会采取实际行动，答案为“极有可能会购买”的人群，有 30% 的人最终会购买。其他答案的人，基本可以忽略不计（如表 2－3 所示）。

表 2-3　经验数据修正后的实际购买人数

月收入 / 消费者	8 千元～1.2 万元		1.2 万元以上		修正系数	实际人数
肯定会购买	6%	15	4%	5	80%	16
极有可能会购买	35%	80	17%	20	30%	30
可能会或不会购买	33%	75	13%	15	0	0
极有可能不买	17%	40	44%	50	0	0
肯定不会购买	9%	20	22%	25	0	0
总计	100%	230	100%	115	/	46

在测试数据中，1050 人会成为目标消费者，经过交叉制表后，有意愿又有能力购买的消费者数量降到 120 人，通过经验数据修正，真正能够成为最终消费者的人数仅有 46 人。

当然，很多人要问：这些经验数据从何而来？回答是：由于行业和企业不同，这些经验数据一方面要靠平时工作中留心积累，并用科学的方法换算成经验数据；另一方面，通过参考其他行业或企业的经验数据，进行多次比对和调试，最终形成自己的经验数据。

（3）函数数据的处理中，混淆抽样样本方差和总体标准方差的使用，经验数据的量化形成方法就是其中一例。

对于函数的处理，很多人觉得很高深，然而，越不愿意接触越显陌生。其实现在有很多工具，比如说 Excel，可以将复杂的函数运算，用简单直接的方式得出结果，具体的算法可以参见《用数字解放营销人》（中华工商联合出版社 2013 年 1 月版）的 $P_{250-251}$。这里主要讲原理和依据。

在 Excel 的函数工具中，有两个函数特别相似，一个是“STDEV”（基于样本估算标准偏差），一个是“STDEVPA”［根据作为参数（包括文字和逻辑值）给定的整个总体计算标准偏差］，前一个是估算基于给定样本的标准偏差，后一个计算样本总体的标准偏差。一个是用样本来推算整体，一个是对整体进行计算，但很多人对调研数据最后处理上，忽视了二者的使用差别，虽然二者在无法穷尽数据时，也会相互通用。

还是以如何对经验数据进行量化处理为例（这是一个典型的用样本来推算整体的例子），介绍二者之间的差别。

例：通过收集 30 次（n≥30）不同的市场调研，回答“肯定会购买”的人实际购买的比例（如表 2－4 所示）。

表 2－4　30 个“肯定会购买”样本数据

	比例		比例		比例
1	88%	11	75%	21	77%
2	79%	12	86%	22	75%
3	72%	13	80%	23	90%
4	91%	14	79%	24	83%
5	83%	15	82%	25	81%
6	76%	16	81%	26	80%
7	80%	17	82%	27	78%
8	82%	18	77%	28	80%
9	80%	19	78%	29	79%
10	79%	20	85%	30	88%

采用“STDVE”和“STDVEPA”两个不同的函数，都保证在 90% 的概率下，计算选择“肯定会购买”人群的实际购买的比例的范围区间。

STDVE 函数

修正系数平均值＝80. 87%

抽样样本方差＝0. 044701

置信区间值＝0. 013424

抽样样本形成的经验数据［79. 52%，82. 21%］

换句话说，10 次调研有 9 次，在选择“肯定会购买”的人当中，只有 79. 52%～82. 21% 的人会采取实际的购买行为。

STDVEPA 函数

修正系数平均值＝80. 87%

总体样本方差＝0. 043949

置信区间值 = 0.013198

总体样本形成的经验数据［79.55%，82.19%］

换句话说，10 次有 9 次调研，选择“肯定会购买”的人当中，只有 79.55% ~82.19% 的人会实际购买。

可以看到，对同样一组数据的处理，抽样样本方差与总体样本方差的结果有一定差异（注意：这样的差异如果被引用到后续计算中，尤其是精确计算时，会导致结果发生质的变化）。由于是用样本来推算整体，抽样方差的波动值要大于总体方差的波动值，也就是说抽样样本方差对预期值造成的影响的弹性空间更大，对预估市场不可控的因素也相对会更合理。

第三节 执行过程，市场调研的行为能够量化吗

这里所涉及的调研执行，主要指以调研人员为主体，以问卷或者座谈等形式进行的市场调研，这是当前企业自身开展调研采用最多的一种形式（当然也有企业外包给专业调研公司），对于通过电脑网络的后台程序、拍摄测试仪器来监控和分析消费者行为的调研，暂不在这节的讨论范围之内。

对于调研执行，很多人认为谋事在人，成事在天。计划做完了，标准颁布了，调研人员往市场上一放，一切就只能听天由命了。然而，恰恰相反，调研执行仅仅是贯彻调研计划的第一步。

做一场扎扎实实的市场调研，确实是比较苦、比较累的，很多市场调研计划很完美、很理想，但是在执行中，由于人为原因、经费原因、客观条件原因等的折扣和变数，很容易让一个调研计划变成一场灾难。而灾难的源头恰恰又是计划本身出现了问题。

那么，有什么办法能帮助计划的制定者或者至少保证对计划执行保持监控呢？

第一，一个不错的选择是设计清晰的废卷评判标准。

当对回收的大量问卷进行统计时，经常发现有些问卷设置选择项残缺不全、有些问卷造假痕迹明显。那么，在统计时，到底应不应该把这些问卷纳入统计结果？由于标准不一，有的数据统计员照单全收，有的看心情，这极大影响了调研报告的分析和撰写质量。对于这类问题，通常采用以下两种方法进行处理：

（1）在调研计划中，增设“合格问卷标准”一栏，在问卷设计上注明哪些是必填项、哪些是选填项、哪些是多选项、哪些是单选项，凡是不符合这个标准的问卷，都为废卷，这是处理问卷选项残缺不一的常用办法。

如以“1999 年针对湘潭市城区居民对私立幼儿园市场需求的调研”为例，在调研计划中就“合格问卷标准”进行了如下设计：

存在以下三个问题之一的问卷，均判为废卷：

a. 信息甄别部分选项填写有漏，信息不完整、有明显矛盾点。

b. 问卷调研部分必填项空缺，单选项多选、多选项单选、有漏选情况。

c. 第 1 题选项有 a、c、e、f、h、j，第 10 题选择只有 a、b、c、d 的问卷。

（2）造假原因很多，有的是调研员为了偷懒，有的是被调查者为了获得小礼品。对于造假的问卷，设计者可以在问卷的选项上人为设计 1 个矛盾点，那些胡填乱写的人，自然不会仔细甄别，据此可以很快挑出那些废卷。

还是以上文提及的那个幼儿园市场调研为例：在问卷调研部分，在第 1 题排除了非独生子女因素，第 2 题特意设计这样一个选项：

第 2 题　就读幼儿园的您家的孩子属相是：a. 鸡；b. 鼠；c. 羊；

d. 猪；e. 龙；f. 蛇；g. 虎；h. 猴；i. 狗；j. 马；k. 兔；l. 牛。

在问卷调研部分，还设计了看似不相关的第10题：

第10题　小孩目前就读的幼儿园性质是：a. 公立幼儿园；b. 私立幼儿园；c. 街道幼儿园；d. 单位幼儿园；e. 其他（未入托或小学及以上）。

很显然，执行市场调研的时间是1999年，当年是蛇年，以我国法定就学年龄为限，当时在幼儿园读书的只可能是鼠、牛、虎，最多加上猪和兔属相的孩子。如果是其他属相，第10题答案只能是e。通过这个矛盾点的设计，自然可以甄别绝大多数“搅局者”，虽然也可能排除某些特殊情况。

第二，问卷设计好后，开展一次小范围的试调研，可以提前发现执行中的问题，包括问卷的设计问题和执行的实际难点。

小范围试调研的方法和原则：

（1）可以选择符合条件的就近区域调研对象，按实际调研的要求，不刻意安排和准备，进行调研和走访。比如随机截访，就不图方便，找亲戚熟人了事。

（2）在试调研中，实施调研的人最好控制在3～5人，被调研对象的数量最好保持在计划采集样本的5%左右。

（3）在经得被调研对象允许的情况下，最好要有录音资料，试调研的执行者最好由实际调研的设计者和执行小组负责人组成，并将调研中感觉困难的部分进行记录，试调研完成后，参加人员要一起听录音资料和分享遇到的问题，记录共同点，对原调研问卷进行二次修正。

经过小范围测试后，设计者对计划的实际执行会更有信心和底气，对问题的预判以及最后调研报告的撰写都大有裨益。

第三，试调研过程其实也是对工作量进行预判的过程，帮助计划者制订合理的人均工作量。

所谓对计划执行的监控，其实最主要是对工作进度和工作质量的监控，在试调研中，设计者通过自身的亲身体验，对实际工作量有了一个直观的认识，而要将这种直观的认识转化为冷冰冰的数据，还需要一定的方法和途径，这里给大家介绍一种评估调研人员工作量的“三量”工作法。

公司计划在某城区乡镇及街道开展一次入户调研，预定上门面谈 1000 个（700 个街道样本、300 个乡镇样本）目标消费者以完成调研问卷的填写。通过试调研，确认完成主城区内每两个调研对象，需要花费的平均时间间隔为 30 分钟，城郊为 50 分钟，每个调研对象面谈时间大约要花费 15 分钟，按每天工作 8 小时计算，主城区调研人员每天最多能够成功完成多少份问卷，城郊多少份。如果要求 7 天完成整体实地调研部分，需要聘请多少个临时调研员合适。

（1）“三量”工作法：总时量、均时量、日工作量。

总时量

8 小时 ×60 分 =480 分钟

均时量

主城区人均调研时间：30 分钟 +15 分钟 =45 分钟

城郊人均调研时间：50 分钟 +15 分钟 =65 分钟

日工作量

主城区每天人均调研数量：480 分钟/45 分钟≈11 人

城郊每天人均调研数量：480 分钟/65 分钟≈8 人

（2）“三量”工作法：总工作量、人均工作总量、员工数量。

工作总量

需要拜访的总人数，主城区 700 人，城郊 300 人，合计 1000 人

人均工作总量

主城区每个临时调研员 7 天实际可以拜访的人数：11 ×7 =77 人

城郊每个临时调研员 7 天实际可以拜访的人数：8 ×7 =56 人

员工数量

主城区实际需要的临时调研员：700/77≈10 人

城郊实际需要的临时调研员：300/56≈6 人

三量工作法总览表（如表 2－5 所示）

表 2－5　调研人员工作均量及辐射范围一览表

时间 人员	1	2	3	4	5	6	7	合计	区域
A1	11	11	11	11	11	11	11	77	体育东路、方家巷、高山街、东湖巷、青阳阁、府坪巷、百街口、光明箱、新村等 9 个社区
A2	11	11	11	11	11	11	11	77	临江路、西堤、长家山、北站、新建巷、富强、三角场、龙港巷等 8 个社区
A3	11	11	11	11	11	11	11	77	临紫、荷花、沙河、柳菱、芷荷等 5 个社区
A4	11	11	11	11	11	11	11	77	落路口、华南、芙蓉、项家铺、新河等 5 个社区
A5	11	11	11	11	11	11	11	77	北正街、丝瓜井、紫桥、柏子园、金桥、常乐、北堤、光荣路、建民巷等 9 个社区
A6	11	11	11	11	11	11	11	77	晓岛、朝阳路、新光、贾家湖、滨湖、长胜桥、西园、康桥、惠家坪等 9 个社区
A7	11	11	11	11	11	11	11	77	新安、新坡、新坪、赵家硲等 4 个社区
A8	11	11	11	11	11	11	11	77	三闾港、高坪头、甘露寺、竹园、庆丰、东苑、南沙、新东街等 8 个社区
A9	11	11	11	11	11	11	11	77	红卫、盐关、半边街、红庙、唐家溶、皇经阁、皇木关、马家吉等 8 个社区
B1	8	8	8	8	8	8	8	56	芦山、祠堂寺、岩桅子、毛坪里、社木铺、天井港、大关庙、李白溪、伍家坪等 9 个建制村

续表

时间 人员	1	2	3	4	5	6	7	合计	区域
B2	8	8	8	8	8	8	8	56	南湖、朱湖、雷坛港、合兴、岩桥、三星垱、白鹤庵、全美、洪流等9个建制村
B3	8	8	8	8	8	8	8	56	夹街、楠木、垢湖、荷花、明月、太平、沙湖、丹砂、义渡等9个建制村
B4	8	8	8	8	8	8	8	56	岩坪、石灰、高泗、泽远等4个建制村
B5	8	8	8	8	8	8	8	56	关天坪、浮桥、白龙等3个建制村
AB	8B	8B	4B+5A	2A	/	/	/	/	桑场社区及石公庙、罗家港等2个建制村

备注：AB型临时调研人员是人员计划的调剂点，也是人员浪费的小黑洞。

根据计算及排表，实际需要招聘临时调研员，城区9名，每人负责77个样本；城郊5名，每人负责56个样本，工作时长7天。招聘1名混合型调研员，工作时长3.5天，负责7个城区样本、20个城郊样本。

“三量”工作法由于涉及四舍五入的计算，在实际使用中通过排表的方式，可以清楚地确认实际工作量，减少人员浪费。

第四，“日清”数据组是减少数据造假、提高数据分析效率的重要保障。

有了合理的评判标准、清晰的计算方法，包括通过设立试调研的预案机制，是否就万事大吉了呢？从实际操作经验来看，由企业内部人员自身操作的调研，由于很多人员都不是专职调研人员，因此在上报的数据中，出现造假的情况屡见不鲜。要最大限度地避免数据造假，一个有效的方法就是设立“日清”数据组。

所谓“日清”数据组，是指必须以天为单位，将市场调研人员上交完成的问卷，按规定的规则输入到电脑汇总，并于当日指定时间上报调研活动最高负责人，不得随意更改，并以该数据作为分析报告的基础和原始数据。

设立“日清”数据组的目的有两个：一是负责人可以清楚地看到整个调研活动是否按进度推进，出现问题可以及时整改和跟进；二是数据日清，可以最大限度地避免调研人员为完成任务集中造假。一般来说，每日调研活动完毕后，根据要求必须提交指定数量的问卷，调研人员当日造假较之于次日造假的概率要小很多，造假的成本也要高很多，这在实际调研中屡试不爽。

通常会把调研人员分成很多组，每组设立一个小组负责人，这个人既负责组织协调，上传下达，又对“日清”数据负责收集，每天按规定时间提交问卷执行结果给指定的数据管理员，数据管理员汇总后，将数据提交给调研活动的最高负责人。

第五，无考核就无调研。

由于企业自身执行调研的局限性，要保证调研活动的成功，没有对应的考核机制，要取得真实的结果基本不可能。调研考核的重要性，不言而喻。至于考核的方法，通常有两个途径：

（1）对于由内部员工执行的调研，将阶段性的调研纳入临时性的月度考核指标，根据调研的重要性调整该项指标的权重。

（2）对于临聘人员，主要是将每日人工成本与调研问卷的数量与质量挂钩，数量有明确指标，质量可以按评判废卷的标准进行统计。

从问卷的设计，到量化的方法，加上合理的制度和组织保证，对于由企业内部自身开展的调研活动，已经是万事俱备，只欠东风了。

第四节　敬终如始，调研报告的量化指标体系如何输出

在第三节，讲到了执行阶段量化分解的完成，整个调研活动就万事俱备，只欠东风了，那这个“东风”是什么呢？当然是一套符合企业自身特

点的量化指标体系。

以研究性质分类，可以将市场调研分为探索性、描述性、因果性和预测性四大类，虽然类别不同，所涉及的量化指标也有所差异，但基本流程和方法一致，故在这里进行统一介绍（如表2-6所示）。

表2-6　市场调研的分类

目标设定	（1）探索性调研：略 （2）描述性调研：均衡性评估模型、平均值经典模型等 （3）因果性调研：影响销售结果的相关性分析模型、销售构成分析模型等 （4）预测性调研：销售预测的经典模型等
目标分解	根据模型拆分调研项目（n≥30）
资源匹配	获取成本、目标渠道、目标数量、资源总量
计划考核	目标数量考核、问卷合格率等

以影响产品定价结果的相关性分析法为数据导出源头，看调研计划的指标如何输出。

一、目标设定

调研目的：

对影响照明产品定价的各个因素（功率、工艺、材质、尺寸、颜色）进行权重排序，为制定价格政策提供参考（相关性分析模型，调研目的之一）。

二、目标分解

每个品牌务必优先保证【】内指标提到的所有型号，同时详细记录其他指标。

具体清单如下：

RIO：≥30个SKU的格栅天花灯的出厂价、终端零售价及【功率】、工艺、材质、尺寸、颜色

JOM：≥30 个 SKU 的水晶天花灯的出厂价、终端零售价及【工艺】、功率、材质、尺寸、颜色

NVC：≥30 个 SKU 的格栅灯盘的出厂价、终端零售价及【材质】、功率、工艺、尺寸、颜色

TCL：≥30 个 SKU 的直插 E27 筒灯的出厂价、终端零售价及【尺寸】、功率、工艺、材质、颜色

SUNLUSH：≥30 个 SKU 的横插 E27 筒灯的出厂价、终端零售价及【颜色】、功率、工艺、材质、尺寸

三、资源匹配

各执行负责人根据需要收集相关的信息，可以通过介绍的经销商关系人和企业关系人，获取相关信息，仍无法收集完整信息的，务必通过其他渠道和关系进行信息补充，但收集信息的渠道和方式必须在信息反馈表上进行说明（如表 2－7 所示）。

表 2－7　信息反馈表

品牌	负责人	招待费	车马费	经销商关系人	企业关系人
RIO	熊× 【功率】	×××元	×××元	江老板 电话 15××××××××	谢×× 电话 18××××××××
JOM	吴×× 【工艺】	×××元	×××元	邓老板 电话 13××××××××	张× 电话 13××××××××
NVC	欧阳×× 【材质】	×××元	×××元	凌老板 电话 18××××××××	陈×× 电话 13××××××××
TCL	郭×× 【尺寸】	×××元	×××元	邱老板 电话 18××××××××	蔡×× 电话 18××××××××
SUNLUSH	麦× 【颜色】	×××元	×××元	王老板 电话 13××××××××	雷× 电话 14××××××××

计划考核

（1）负责人为该品牌收集信息第一责任人的，信息不得低于 30 条，每少 1 条月度考核扣 2 分。每条信息的产品和价格信息必须完整，缺任意一项视为不完整，不完整的视该条信息缺失。

（2）每个品牌优先保证记录【】内指标提到的测试项，如 RIO 品牌务必记录所有不同功率的格栅天花灯的基本资料，无法满足该条件的，必须书面说明选取条件发生了哪些改变，否则，认定该条信息缺失。

（3）通过其他渠道了解的产品和价格信息，必须书面提供渠道联系方式、调查方式，否则认定该条信息缺失。

第五节　案例：一次完整的调研计划及实施

一、调研计划部分

（一）目标设定

调研目的：

（1）通过调研，勾画出经营 LED 照明产品的渠道商具有的基本特征：开店时间及背景、经营品类、销售方式、门店展示需求、第一关注点等信息，为寻找合适的客户找到量化标准。

（2）了解渠道商对 LED 市场的品牌、产品、业务模式、推广方式等方面的态度和认识，明确政策的着力点，探讨可能的合作方式。

（3）了解各类设计师的需求和关注，为制定与设计师的合作方式、培训方式等政策提供依据。

（二）目标分解

根据区域的销售特质和实际客户分别，分解样本目标（如表 2－8 所示）。

表 2－8　样本目标分解表

<table>
<tr><th>最低要求样本数</th><th>按问卷合格率 80% 计取样本数</th><th>分解</th><th>渠道商样本数</th><th>设计师样本数</th></tr>
<tr><td rowspan="10">渠道商样本：
120 家

设计师样本：
45 家</td><td rowspan="10">渠道商样本：
150 家

设计师样本：
60 家</td><td>西安</td><td>20</td><td>2</td></tr>
<tr><td>郑州</td><td>20</td><td>2</td></tr>
<tr><td>重庆</td><td>20</td><td>2</td></tr>
<tr><td>成都</td><td>20</td><td>2</td></tr>
<tr><td>烟台</td><td>20</td><td>2</td></tr>
<tr><td>汕头</td><td>10</td><td>10</td></tr>
<tr><td>厦门</td><td>10</td><td>10</td></tr>
<tr><td>广州</td><td>10</td><td>10</td></tr>
<tr><td>深圳</td><td>10</td><td>10</td></tr>
<tr><td>上海</td><td>10</td><td>10</td></tr>
</table>

（三）资源匹配

整体资源分为费用资源和调研对象资源，标准差旅费含长途车费，调研对象缺口数量由责任人自行开发，公司增加一定的差旅预算（如表 2－9 所示）。

表 2－9　资源匹配表

调研区域	储备渠道商数	储备设计师数	储备缺口合计	人均调研成本	差旅增加预算（元）	标准差旅（元）	责任人
西安	14	2	6	100 元	100×20%×6	/	张××
郑州	12	1	8＋1	100 元	100×20%×9	/	陈×

续表

调研区域	储备渠道商数	储备设计师数	储备缺口合计	人均调研成本	差旅增加预算（元）	标准差旅（元）	责任人
重庆	15	4	5	100 元	100 ×20% ×5	/	郭 × ×
成都	21	2	/	100 元	/	/	王 ×
烟台	35	1	1	100 元	100 ×20% ×1	/	刘 × ×
汕头	9	10	1	120 元	120 ×20% ×1	/	邹 × ×
厦门	16	15	/	120 元	/	/	喻 ×
广州	22	6	4	120 元	120 ×20% ×4	/	雷 ×
深圳	13	14	/	120 元	/	/	周 × ×
上海	25	8	2	120 元	120 ×20% ×2	/	王 × ×

备注：储备资源的联系方式见附件三，渠道商和设计师储备不足的地区，市场调研员的差旅费按每个样本增加预算 20% 计算，作为开发新储备资源的费用。

（四）计划考核

（1）总体执行情况纳入月度考核，占 30%，发现不合格问卷一份，扣 1.5 分，扣完即止。

（2）执行时间为 11 月 15 日到 11 月 30 日，每日晚上 10 点前，通过公司邮箱将完成的调研问卷结果提交至 hrlandhyx@ 163. com，因某些不可控原因，不能按时提交的需提前电话请示，延时或未交不予报销当日费用，且出现一次当月绩效扣 1 分。

（3）未完成调研对象储备缺口的人员，按实际完成的问卷数量核销 20% 的新增差旅费。

备注：

合格问卷标准，如表 2 – 10、2 – 11 所示。

（1）问卷里每个项目不缺不漏，且无矛盾点，严格按照单选与多选要求执行。

（2）选择项括号内补充部分填写完整。

附件：

表 2－10　渠道调查表

门店名称					
调查人姓名		调查时间			
经销商姓名		联系方式		地址	

（1）店内是否仅经营 LED 产品？（单选）
A. 传统照明型客户
B. LED 照明型客户
C. 传统照明＋LED 照明（混合型客户）
（2）经营年限
A. 门店的经营时间
B. LED 的经营年限
C. 老板在照明行业的时间
D. 混合型客户 LED 经营时间
（3）客户背景
A. 老板曾经是当地的公职人员
B. 过去主要以经营雷士、西顿、品上等工程品牌的产品为主
C. 现在主要以经营雷士、西顿、品上等工程品牌的产品为主
D. 老板过去或现在以经营 OP（欧普）、朗能等家居品牌为主
E. 门店以主要经营其他非主流品牌为主，偏零售为主
F. 门店以主要经营其他非主流品牌为主，偏工程销售为主
G. 老板过去曾经营过装修公司
H. 老板目前仍在经营装修公司
I. 老板过去没有照明产品销售经验，开店不久
J. 其他需要说明的背景情况（以上背景要逐一与客户确认）
（4）客户销售类型（单选）
A. 偏批发型
B. 偏工程方向型
C. 偏零售型（有无连锁门店）
（5）客户经营品牌信息
A. 目前经营的 LED 品牌数量有多个，分别是
B. 哪个品牌卖得最好
C. 为什么卖得最好
● 因为我主力推荐该品牌
● 该品牌价格比较低（请问 3wLED 天花灯的价格）
● 该品牌的利润空间比较好（请问大概的渠道顺加利润）
● 该品牌的市场政策比较好（请询问是什么样的市场政策，如产品区隔、价格保护、市场保护等或其他、售后及支持政策）
● 很多时候为消费者或者工程方指定品牌

续表

(6) 您认为您目前所在区域的 LED 产品的第一品牌是谁，为什么 A. 传统渠道的品牌优势 B. 产品好（质量好、品类全、还是性价比高） C. 有好的销售模式（什么样的模式） D. 费用投入大 E. 没有第一品牌 F. 有单一产品的突出优势（单一产品是指哪一类型的产品价格） (7) 门店销售与工程销售的比例 (8) LED 目前占整店的销售比例（月比例或者年比例均可） (9) LED 产品零售和工程销售比例 (10) 您选择 LED 品牌最看重的是（单选） A. 品牌 B. 产品（是指什么样的产品） C. 利润空间（批发的渠道空间是多少，零售的利润是多少） D. 价格要有优势（这个优势是指） E. 市场推广力度（您希望提供哪些推广支持） G. 其他（其他是指） F. 有没有独特的业务模式 (11) 您最愿意接受的 LED 展示方式是（单选） A. 背柜 B. 展板 C. 专区 D. 中岛 E. 情景展示 F. 上顶展示 G. 专卖店 (目前您店内 LED 的主要展示方式是） (12) 您觉得 LED 市场要真正成熟，首要解决的问题是（单选） A. 价格问题（是指价格偏高，还是价格不稳定） B. 产品的每瓦流明量问题（您觉得每瓦流明量要达到多少才合适） C. 需要慢慢普及 LED，只能等 D. 现在业务模式大同小异，模仿传统照明产品，应该进行模式创新 F. 行业不规范，缺少国标 (13) 您认为 LED 企业应该是提供哪种产品的企业（单选） A. 光源型企业 B. 光源加灯具应用型企业 C. 完全以灯具应用为主的企业 (14) 您认为 LED 市场哪种销售模式比较好 (15) 您认为 LED 光源在光效上是否适合替换目前作为重点照明的灯具产品？（如陶瓷金卤灯） (16) 在走访的区域，有多少诸如《设计师调查表》中所提到品牌的总部在区域内，各个品牌在全国分店数，如果经销商不能回答，走访人员要自行摸排。

表 2－11 设计师调查表

<table>
<tr><td>企业名称</td><td colspan="5"></td></tr>
<tr><td>调查人姓名</td><td></td><td>调查时间</td><td colspan="3"></td></tr>
<tr><td>设计师姓名</td><td></td><td>联系方式</td><td></td><td>地址</td><td></td></tr>
<tr><td colspan="6">（1）设计师所在公司类型（单选）
A. 家装
B. 工装
C. 设计院
（2）您参与的项目中，您认为以下哪种商业环境的装修频率是最高的（单选）
A. 西餐厅（如上岛西餐厅）
B. 咖啡厅（如名典咖啡厅）
C. 高端中餐厅（如俏江南）
D. 连锁影楼（如金夫人）
E. 足浴中心（如重庆富桥）
F. KTV 会所
G. 各类养生会所
H. 不清楚
I. 其他（每个选项要逐一提起，并请设计师最后确认出现频率最高的选项）
（3）照明产品在您主持设计过的调研项目中，占整体装修费用预算的比例大概是
（4）在您服务的客户中，明确提出照明光源部分要用 LED 的有多大比例（单选）
A. 低于 5%
B. 5% ～10%
C. 10% ～20%
D. 20% ～40%
E. 40% ～60%
F. 60% ～80%
G. 80% 以上
（5）您知道他们为什么要提出选用 LED 照明而非传统光源吗
A. 节能
B. 没有光污染
C. 没有光辐射
D. 光源寿命长
F. 其他（其他是指）
（6）您提供的设计方案中，甲方是否明确提出要包含照明效果的设计和照明产品的指定
（7）您最希望照明企业为您提供哪方面的支持（单选）
A. 个性化的产品，最好能够定制
B. 光学知识方面的培训，尤其是帮助我们识别光的优劣和控制（有其他 LED 照明公司给你们提供类似培训吗？是谁）
C. 在局部照明和重点照明上，灯具的使用方法（有其他 LED 照明公司给你们提供类似培训吗？是谁？）</td></tr>
</table>

续表

D. 在基础照明上，灯具的使用方法（有其他 LED 照明公司给你们提供类似培训吗？是谁?） E. 其他（其他是指） (8) 在灯具使用数量上，局部照明使用灯具的数量占整体照明数量的比例?（或者是局部照明使用灯具的预算占整体照明使用灯具的预算的比例） (9) 对现有重点照明灯具使用效果是否满意?（现有重点照明使用的灯具主要是?） (10) 在灯具使用特性上，会影响到您的装修设计效果的因素，包括哪些? A. 红外线　　B. 紫外线　　C. 热辐射　　D. 不节能　　E. 其他（其他是指） (11) 第一题中的各类场所，在装修灯具采购中，基本采用的方式是（单选） A. 设计公司指定品牌，甲方自行采购 B. 设计公司指定品牌，甲方委托给乙方包工包料 C. 设计公司建议品牌，甲方自定自采 D. 设计公司建议品牌，甲方不确认品牌，乙方包工包料 E. 设计公司只确定装修风格，甲方指定品牌，乙方采购 F. 设计公司只确定装修风格，甲方不确认品牌，乙方包工包料 G. 其他（其他是指__） (12) 目前在装修上使用的荧光光源，有用户抱怨以下问题吗? A. 产品寿命太短，不能满足商业用电环境 B. 耗电严重，太不节能 C. 部分重点照明产品直射人体时，是否会有不适感和灼热感，担心产品不安全 D. 有些灯可能有光污染，被照物体出现了明显泛黄和脱色现象 E. 其他（其他是指） (13) 您认为目前的 LED 照明产品在商用环境的大面积使用上还存在哪些必须解决的问题? A. 价格过高，照明部分的预算应该只能占到整体预算的一部分（这个比例大概是多少?） B. LED 的光效及照明度不够，有些需要重点照明的产品不符合要求 C. LED 的核心价值和荧光管等传统光源本质差别不大（您指的核心价值是指__） D. 商业用户对使用 LED 的动力不足（动力不足是指__） E. 有些 LED 的材质不好，影响灯具使用年限 F. LED 灯具一体化，影响后期的维护和更换（您是否知道目前整个行业 LED 灯具都是采用一体化灯具?） G. LED 光源光衰严重（是否解决光衰问题就能提高 LED 灯具的使用比例?） H. 其他（其他是指__） (14) 您现在合作的 LED 品牌有哪些? (15) 目前调研的区域有哪些设有类似于第一题类型的品牌的总部，目前全国的门店数大概是多少?（**如果设计师不能回答，调研人员要自行在走访的区域进行摸排**） (16) 您认为目前在局部或者重点照明中，LED 产品的光效是否适合替换目前的传统灯具产品?（如陶瓷金卤灯）

《渠道商、设计师储备资源表》（略）

二、调研报告部分

调查时间：11 月 15 日 - 11 月 30 日

调研区域：深圳、广州、成都、重庆、厦门、汕头、上海、烟台、西安、郑州等 10 个地级市

调研对象：灯饰市场的渠道商、设计公司的设计师

实施人员：销售部等共计 8 人

调研目的：

（1）通过调研，勾画出经营 LED 照明产品的渠道商具有的基本特征：开店时间及背景、经营品类、销售方式、门店展示需求、第一关注点等信息，为寻找合适的客户找到量化标准。

（2）了解渠道商对 LED 市场的品牌、产品、业务模式、推广方式等方面的态度和认知，明确政策的着力点，探讨可能的合作方式。

（3）了解各类设计师的需求和关注，为制定与设计师的合作方式、培训方式等政策提供依据。

调研结果：

整体质量评估。本次调研实际回收问卷 148 份，其中渠道商 111 份，设计师 37 份（与实际目标 210 份相差 62 份，缺口主要因为设计师拜访的数据严重不足）。从问卷的地理分布来看，渠道商分布相对均匀，调研结果基本能够反映全国渠道商对 LED 市场的认知和基本；设计师样本由于主要集中于沿海区域，所以调研结果反映的设计师认知主要代表沿海城市对 LED 市场的认知状况（具体内容如图 2 - 1 所示）。

渠道商部分：

第一，背景介绍。

在走访的 111 家渠道商中，有 93%（103 家）的渠道商属于同时经营传统照明 + LED 照明的混合型客户，有 7 家只经营 LED 照明产品的客户，仅有 1 家客户目前还维持单一传统照明产品的经营。LED 在传统经销门店

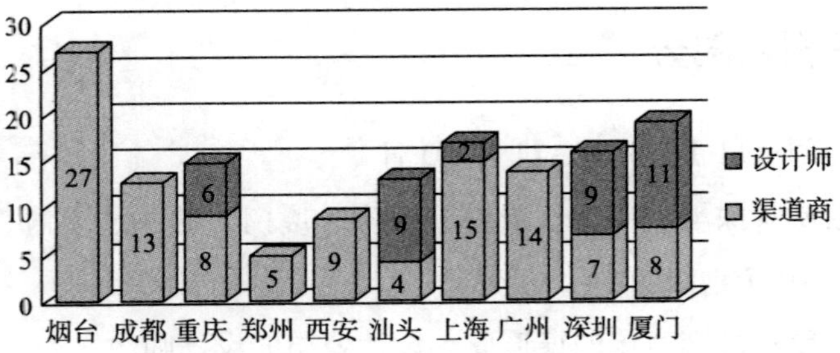

图 2-1 调研样本的地理分布情况

的市场普及率已经非常惊人，LED 产品的普及趋势已成定局。

为判断 LED 产品在经销商门店中普及的时间，我们以 90% 的概率保证，通过测算产品入店时间的区间估计值，反推 LED 产品在门店开始大量普及的时间。根据 111 个样本中 LED 的经营时间，我们预估，90% 以上的门店 LED 产品的经营时间大约在 2 年 7 个月至 3 年 3 个月。换句话说，90% 以上的门店在 2009 年 8 月—2010 年 4 月开始接触和经营 LED 产品，而这个时间正是在国家 4 万亿元投资拉动内需，经济回暖的时间点。做出这种选择的客户，仍以 90% 的概率保证，他们在照明行业沉淀的时间预估在 7 年至 8 年零 4 个月。

在走访的 111 个门店中，有 21 个门店具有典型的零售销售特征（A 以经营家居照明为主；B 以零售为主；C 没有行业经验），也就是说，在目前的专业市场中，80% 左右的门店对经营商用照明产品有自己的特殊渠道（这一点和客户销售类型的统计结果基本吻合：偏工程方向的门店占到 75%），要做的就是，首先在市场中找出这 80% 或是 75%，并在这 80% 或 75% 中找到能够接触到目标市场和销售聚焦产品的人。

第二，渠道经营的竞争分析。

就渠道商经营的 LED 品牌数量来说，沿海城市和内陆城市似乎没有形成本质性的差异（这可能与调查人员在填表未能穷尽品牌数量有关），但有 84 家门店都已经有了主力畅销品牌，由于地域分散，这些品牌的集中度并不高（84 家门店主推的品牌共计 47 个）。

值得一提的是，在84家门店中只有2~3家的渠道商认为，传统优势品牌雷士（2家）、OP（3家）的LED产品能够卖得好，即使提及率最高的传统品牌飞利浦、三雄也仅各有5家提及。而“长方”作为一个名不见经传的新锐LED品牌，在84家门店中居然有12家认为该品牌销售有明显优势，而在被追问形成明显优势的主要原因时，除了2家认为是自己主推的缘故外，另外10家均认为与价格和利润空间有关。合适的性价比（“长方”的产品不是最低价产品）确是市场早期竞争的不二法门。

但是回到区域市场第一品牌的问题时，答案在两个选项上形成了集中：一个是“没有第一品牌”；另一个是“传统渠道的品牌优势”（如图2-2所示）。

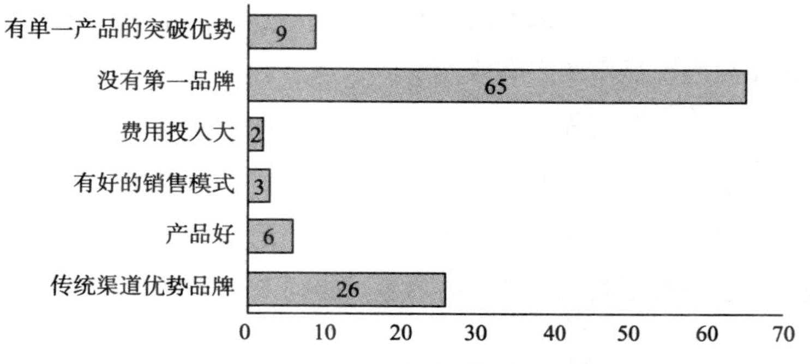

图2-2　区域第一品牌成功的原因

有两点必须重申：一是LED市场尚未形成垄断型的市场品牌；二是传统照明企业的渠道和品牌优势在LED市场存在一定的嫁接优势。

第三，渠道商的需求分析。

为准确评估工程型门店的工程占比，将确认的75%工程型门店的零售与工程比值进行区间估计值测算，发现在90%的概率保证下，以工程为主的门店，零售额只占工程销售额的36.66%~46.44%，即工程型门店原则上零售额只能占到门店整体销售的26.83%~31.71%，也就是说，真正的工程型门店零售额一般不会超过整店销售额的1/3。这应该成为选择工程型经销商的一个重要依据。

为评估 LED 市场的销售容量，通过将工程型门店 LED 产品在整店的销售占比的测算，预估目前 LED 销售占整体市场份额的 24.72% ~ 33.56%。国内照明市场按 3000 亿元计算的话，LED 产品预计要占到 1000 亿元左右，但这包括了户内户外照明，以及电子显示屏、楼宇亮化等所有涉及 LED 照明的容量。

在对渠道商选择品牌的影响因素分析上，产品的特性被放到了第一位（57 次），这也是大部分 LED 企业在拼外观、拼散热指标等产品因素，而对软件部分的推广（25 次）、业务模式（13 次）并不在意的主要原因。显然，在门店销售中，大部分经销商的工程资源已经形成了固定渠道，所需要的只是要有合适的产品去进行配套销售。虽然品牌被放在了第二位，但实际上由于所有的经销商都不认为 LED 产品有所谓的第一品牌，故目前阶段品牌的重要性明显不及产品特性重要，甚至对于价格与利润这种迫切性需求来说，很多经销商都认为会远远高于对品牌的需求。

所以，选对经销商，尤其是适合销售公司产品的经销商是最重要的，即公司的产品定位和市场定位完成后，找到熟悉该类市场且有资源的经销商是重中之重。渠道商选择品牌的因素，如表 2－12 所示。

表 2－12　渠道商选择品牌的因素表

关注项目	频次
产品	57
品牌	52
利润	44
价格	42
推广	25
业务模式	13
其他	5

在市场前景不明朗的情况下，大部分经销商愿意接受的展示方式明显以“小”为主要特点，这可能对于经销商在有限店面内容留更多的 LED 品

牌更有利。展示方式的选择实际上折射出经销商对 LED 品牌发展的信心不足，通过尽可能多的保留 LED 品牌来实现所谓的“全面撒网，重点摸鱼”。这样的特点要求在展示方式上“不占空间、产品聚焦”，以更容易获得渠道商的青睐。渠道商对店内展示方式的需求比较具体如表 2－13 所示。

表 2－13　渠道商对店内展示方式的需求比较

展示方式	频次
展板	62
背柜	56
中岛	50
专区	24
情景展示	17
专卖店	6
上顶展示	4

在行业的现状认知上，四成以上客户认为行业不规范是阻碍 LED 发展的主要障碍，而对于产品本身关注度并不高。也就是说，渠道商普遍认为，产品本身的技术障碍已不是行业发展的制约因素，反而，外在市场条件的成熟会极大影响行业的发展速度。在技术水平越来越接近的情况下，渠道商对于谁能在不规范的市场环境下找到机会，将会越来越认同。从销售模式的测试中，也可以看到，绝大多数的渠道商对当前市场的销售模式并不熟悉。

同样，对 LED 企业的定位，9 成左右的渠道商都认为它是“灯具＋光源”的整套提供商，而不是简单的光源型企业。虽然 LED 作为光源的革命性产品出现在世人面前，但是仅仅将 LED 作为替换传统照明产品中光源的一部分，显然与市场对 LED 的期望会有一定的差距。

设计师部分：

（1）设计公司的服务类型分析。

由于设计师部分的样本仅有 37 份，设计公司类型主要以工装公司为主，在预设的7种商业连锁环境中，很显然，西餐厅、咖啡厅、影楼这样的“西式”场所不是设计公司的主要服务对象。相对而言，各类养生会馆、KTV会所以及高端中餐厅成为设计公司的主要服务对象。从最终的统计数据来看，照明产品占整体装修预算的比例仍然保持在10%左右。

从装修人群对LED产品使用的主动性来看，55%以上的设计师碰到客户主动提及LED产品的使用比例均在10%以下，而且主动要求使用LED的原因几乎都是节能和寿命长的缘故，极少提及光污染和热辐射的问题。在用户心目中，LED基本能和节能画上等号，光污染和热辐射则是较少被提及的概念，这个结果与“在灯具使用特性上，会影响您装修设计效果的因素”统计的结果基本吻合。在设计师提供的方案中，对建筑装修设计有单独预算的，但对照明设计没有明确概念的客户，达到6成以上。

（2）设计师的需求。

从设计公司服务客户的类型看，有38%左右的客户对照明产品和设计有一定的认识，在这些客户中又有25%左右的客户，会明确要求照明产品使用LED光源。也就是说，对照明产品有一定认识的人群中，有75%的客户对LED产品没有太多的概念，LED的宣传和普及仍有一段较长的路要走。也许正是这个原因，设计师希望照明企业在提供的支持选项方面，不要最大限度地落在订制化产品上，而要落在对光学知识的培训上，尤其是通过一些具体方法识别光的优劣和进行控制（如图2－3所示）。

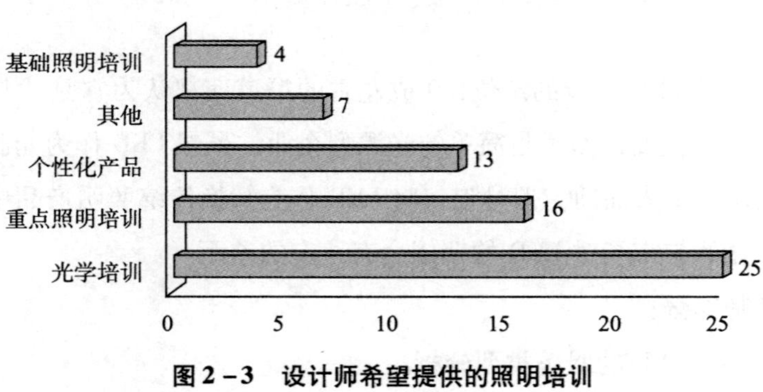

图2－3　设计师希望提供的照明培训

除了对光学知识的需求，重点照明成为各个设计师提到的主要话题。对基础照明的部分，几乎所有设计师都认为无足轻重，甚至比一个开放性的选项（即“其他”）被提到的概率还要小。在将设计公司分为家装和工装的前提下，家装公司所用到的重点照明部分的预算或灯具数量大约占12%，工装公司占了25%。很显然，工装在重点照明使用的频率要明显高于家装。基础照明虽然不被重视，或者说设计师认为基础照明的技术含量不高，但占到整体照明装修预算的比例却比较惊人，放弃基础照明市场，可能会对整个市场容量形成制约。

另外值得一提的是，虽然设计师对重点照明培训有着明确的需求，但在问及对现有重点照明使用的灯具是否满意时，却发现了回答呈一边倒的状况，除了不到10%的设计师表达不满意的态度外，其他设计师均明确表示满意。现有灯具或者说传统灯具所带来的效果是基本能够满足设计师目前的设计需求的。结合“局部照明或者重点照明中，LED产品的光效是否适合替换传统灯具产品（如陶瓷金卤灯）”的回答，认为能够替换的与认为不能替换的比例为1∶2，是否可以做这样的假设：设计师对使用怎样的产品的关注度并不高，重点在于光效。实际上，设计师对光的优劣分辨和控制没有行之有效的方法，所要做的就是在目标市场上，对重点照明光效的优劣建立一套可以衡量的标准，并将LED照明产品的销售穿插其中。

（3）新型光源LED目前面临的问题。

在照明产品的采购环节上，设计公司基本处于一个“参谋人员”角色，甲定甲购、甲定乙购、乙方包工包料是目前建材产品常见的三种采购方式，占到整体的70%。在预算制为主导的采购模式中，LED产品的价格相较于传统光源的劣势，必须要面对甲方（最终买单的人），任何绕过甲方的业务模式，都注定走不远，至少现阶段是如此。

作为新兴光源，LED替换传统光源的核心价值到底在哪？从设计师反馈的资料看，接近90%的用户对荧光管不节能、寿命短存在较大的抱怨，按道理，这是使用者最关注的问题，然而在商业项目中，购买者和使用者基本是分离的，购买者在这个时候是在代替使用者进行抱怨，一旦进入采购环节，购买者就真正开始关注造价问题了。LED的核心优势瞬间又变为劣势，这是购买者和使用者分离造成的最大风险。LED产品的核心价值能够迅速转化为收益的前提条件就是：购买者和使用者合二为一的市场，也就是价格和价值能够互补的市场。这样的市场，主要是民用市场、采购环节简单且零散的小型商业市场等，具体如表2-14所示。

表2-14　采购环节各角色对产品关注点的差异比较

角色	第一关注点	LED的表现
影响者	效果	一般
购买者	造价	偏高
使用者	安全、节能、易维护	很好

出乎意料的是，在影响LED产品大面积使用的因素上，超过6成的设计师认为目前LED的质量问题，会影响整体灯具的使用寿命，过低品质的问题，也已经引起了设计师的担忧，事实上品质问题的潜在诱因是过低预算造成的，在甲方没有充足预算时，设计师又很少能指定品牌的情况下，质次价廉的LED产品就会趁机渗透这样的商业项目中。这依然反映出绕过甲方的业务模式，最后只能落到简单拼价格的境地。

在目前设计师合作的LED品牌中，雷士、飞利浦、三雄占据了前三位，这基本与传统光源在隐形渠道中的排位类似，相较于专业渠道，似乎在隐形渠道中，垄断优势更容易形成且更容易维护。专业渠道中的“长方”异军突起与隐形渠道中相对稳定的排名，似乎也在印证“购买者与使用者合二为一的市场”，更容易化优势为胜势。

市场建议：

（1）LED产品进入传统渠道销售已经过了一个小高峰期（2009年8月—2010年4月），在渠道销售中，最容易突破的市场应该是“购买者和使用者合二为一的市场”。由于现在楼市低迷，新房装修的民用市场很难启动，那么以区域性零散购买为代表的小型商业环境的翻新和新建，可以作为主要市场。这样的市场主要依靠有固定社会资源的渠道商完成，也就是要建立渠道商资源。从目前的竞争结果看，渠道的竞争格局也最容易被打破。

（2）所谓的渠道商筛选，并不是以零售为主的门店（因为民用市场尚未启动），而是有固定资源能够接触到小型商业环境市场的经销商。他们具备一些常说的基本特征：如零售额占整店销售 1/3 以内、3 年以上的临街门店、老板有公职背景等。最重要的还是在已筛选出的工程门店中，找到真正有零散中小商业环境装修生意的门店。

（3）作为对渠道商推广和支持的手段，可以考虑建立以经销商为单位的“区域门店联盟”，把某个区域内的门店作为一个整体，协助渠道商对这样的门店进行定期拜访和维护，通过开列《店铺陈列技巧培训》、《如何构造有竞争力的商业环境》等课程，讲授中将照明设计和照明产品穿插其中，一方面帮助渠道商拓展资源，另一方面形成连锁品牌照明产品使用的倒逼趋势。

（4）渠道商关注的是合适的产品和利润，合适的产品满足目标市场，在不可能做完所有产品的前提下，用聚焦的产品（光源 + 灯具的形式），并在聚焦点上将产品做细做全是完全有可能的。产品聚焦后，展示方式也能大大简化，“不占空间”的展示方式才能真正实现。

（5）各类养生会馆、KTV 会所以及高端中餐厅是设计公司的主要服务对象，那其他四种商业环境的装修设计是如何操作的？是不是装修设计过程更容易被引导？或者说是 LED 产品优势的概念更容易被导入？所以无论在渠道商的“区域门店联盟”的实施上，还是在品牌商的直营接触上，都有必要将其作为一个细分市场进行尝试和研究。

（6）应该说，设计公司设计师对 LED 的认识主要停留在节能和寿命长上，更要命的是，他们可能连节能和寿命长都不关注，而仅仅关注光效，在光污染和热辐射问题上基本没有形成普及概念，这也直接影射在甲方的头脑中。显然，光污染、热辐射的概念对使用者最有效，通过对设计公司的设计师传播这个概念，会被过滤掉很多信息。最有效的途径还是直接面对“区域门店联盟”和将光污染、热辐射转化为对展示效果产生影响，从而影响销售结果。

（7）对于设计师的培训，主要指对品牌商设计人员的培训，可以考虑对重点照明光效的优劣建立一套可以衡量的标准，并将 LED 照明产品的销售穿插其中，以便降低设计师的抵触情绪，其实他们对产品本身也并不关注。

（8）直接面对甲方，是目前突破 LED 销售瓶颈的一个有益选择。工厂客户渠道虽然面对的不是最终甲方，但是展柜公司通过订制、电梯公司的维修补贴都是针对目标市场的核心关键点进行价值增值。品牌商能够控制的直营店部分就是真正的甲方，对于不能直接控制的部分，应该通过建立渠道商的“区域门店联盟”的方式进行查漏补缺。

第三章

计划到规划，真金白银离不开数字化的管理

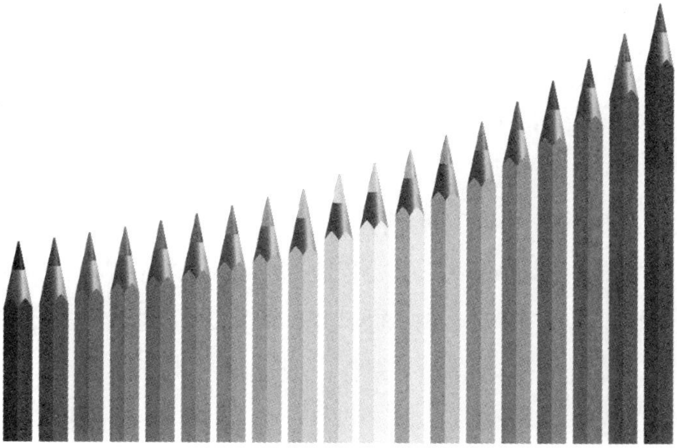

市场规划方案是把想法落实到行动的中间桥梁，起承前启后的作用。很多人认为，市场规划是忽悠老板和投资人的，具体的执行计划才是最后见真章的东西，市场做得好坏和市场规划没有太大关系。我想用《九品芝麻官》中包龙星斗嘴老板娘的那段话，为市场规划正名："不关我事？我在妓院做，当然也希望母鸡好，她心情不好，就会怠慢客人，客人会生气，一生气就不来，不来就关门，关门我就睡马路，你敢说不关我事？"

通过市场调研，可能找到或发现了机会市场，怎样把机会变成现实的盈利项目，这就要谈到市场规划。

市场规划的基本逻辑遵循【第一步】目标设立、【第二步】目标分解、【第三步】资源匹配、【第四步】计划考核的顺序，只不过在一份更丰富、翔实的市场规划里，根据行业和企业的不同，所要求的项目和科目会有所差别。比如有的企业做市场规划一般会涉及 SWOT 分析，而这可以归纳在【第一步】的目标设立或【第三步】的资源匹配中；又如对于 IP 语音市场规划，由于大多数人对这个市场的陌生度比较高，所以市场规划都会涉及 IP 语音市场的现状分析，其实这只是【第一步】目标设立的向前延伸部分，所以本书提到的计划形式是所有计划不可或缺的部分，或者说是主干部分，如果缺少这四个依次递进的部分，所有的计划基本是不完整的或者说有漏洞的。评价一份计划完不完整，或者说逻辑正不正确，也是按这个标准来评判的。

根据提炼出的规划基本逻辑，再用数字营销的方式将每个步骤尽可能地量化，成为可控计划，是量化式计划管理的基本思想。

将这四步所包含的常见市场规划子项或主要涉及的数字量化方法分类（如表 3－1 所示），市场规划四步分解统称为"343＋1"阵形（3 个分析、4 个定位、3 驾马车、1 个办法）。

表 3－1　市场规划四步分解

步骤	可包含的子项	涉及的可量化公式及工具	备注
第一步：目标设立	3 个分析：整体市场分析、竞争对手分析、自身分析	市场容量、波士顿矩阵的市场增长率、（相对）市场份额、市场集中度公式、SWOT 分析	——
第二步：目标分解	4 个定位：品牌定位、产品（旧产品和新产品）定位、渠道（客户和消费者）定位、运营定位	各渠道客户或消费者三个价值（历史价值、终生价值、潜在价值）计算和分解、新产品销量预测公式、成本导向定价或竞争导向定价公式、促销公式等	——
第三步：资源匹配	“3 驾马车”：团队策略、费用预算、物料清单	“三量”（总量、时量、均量）分析法、费利（增量）比、费销（增量）比等	——
第四步：计划考核	考核办法	价值考核（赢利因子分析法）、价格考核或销量考核	——

第一节　目标设立必须明白的两个量化指标

本书谈到的所有计划，不只是将每种计划涉及的类别和子项目罗列出来，实际上这些工作，很多同类书籍都已经完成。我们所要完成的工作是对每一个被罗列出来的类别和子项背后关联的数字和数理逻辑进行展现和解剖，从数字的角度来看待计划。所以，整个市场规划由始至终都是递进式的逻辑结构，而数字是搭建这个逻辑结构最好的桥梁。从目标导出到计划考核，没有清晰量化的数字指标是不可想象的，没有依据严密逻辑演进的数字指标的销售将是一场销售灾难！

在数字营销的体系里，一场可执行、可落地的市场规划，首先要确保目标正确，而要确保目标正确，无论如何都不能绕开两个基本的量化指标：市场容量和市场格局。

目标市场的确定，应该在市场调研的结果中进行展现和预测。在市场规划中，涉及市场评估的两个指标主要是：市场容量和市场格局。简单来说，市场容量是解决企业为什么要做这个市场，市场格局是解决企业在这个市场中的位置。

一、市场容量问题

市场容量的数据可以通过以下三个途径比较得出：

（1）行业协会或其他组织公布的行业年度产销报告，包括预估行业年均增长率（有些数据需要花钱购买），这个数据有可能被人为拉高也可能人为调低。高是因为协会或者组织为了数据好看，人为“注水”，或者因为中间商的库存积压；低是企业为降低税收成本等原因，人为调低数据。它主要用以参考。

（2）通过收集一定量的目标调研样本确认单位消费量，找一个与自己行业高度相关的其他产业的行业数据，来确认目标消费者数量。如家居照明产品以当年新房销售数量为参考，作为每年照明产品潜在消费者的数量，通过公式市场容量 = 单位消费量 × 目标消费者数量，得出市场整体容量。

（3）将这两个数据进行比较，如果差异较大，就用算平均值的方式得出平均数，将这三个数与尽可能多的业内权威人士分享，用他们的经验数据与之进行比对，遵循少数服从多数的原则，最后确认一个标准数据。

网络市场容量的计算相对比较客观。目前网络销售主要分为自主网站销售和平台网站销售，所以容量的计算也有两种方法，一种是自主网站销售的容量测算，以利用主流搜索引擎的搜索计数功能来测算；一种是主流平台销售网站（如天猫和淘宝）的容量测算，主要借助该类网站的相关工具进行测算。可利用“搜索次数 × 点击转化率 × 销售转化率 × 客均单价 = 市场容量公式”，来测算整体市场容量。点击转化率、销售转化率、客均单价都可以参考行业经验值，两者的难点都在于对TOP热词搜索次数的统计，这里主要介绍热词搜索次数如何计算。

主流销售网站的热词搜索次数计算：

第一步：根据产品类目属性和对应的标题关键词，找出必须优化推广的基础词。

第二步：利用“淘人品”（http：//www.taorenpin.com或类似工具），在基础词中选择，按品类名称+属性关键词，通过一词、二词、三词的组合，得到初步筛选出的关键词。

第三步：将初步筛选出的关键词，用直通车（或类似工具）测试出和自己产品类目属性相关性较大，质量得分高的100个关键词。（一词：6～10分，多词：7～10分）

第四步：用数据魔方等类似工具在已经筛选出的100个关键词中，找出占整体搜索次数前80%的关键词。

第五步：以月度、季度、年度统计整体搜索次数。

自主网站热词搜索次数的计算：

第一步：利用网站后台监控确认相关的搜索关键词。

第二步：对所涉及产品的相关热词按近期搜索量从多到少排序，找出占搜索次数总量前80%的关键词。

第三步：将找到的关键词输入百度指数，按需求选择月度、季度、年度的统计期限，统计每个关键词的搜索总次数。

备注：百度指数是基于网页搜索和新闻搜索的海量数据，虽然不属于完整意义上的搜索总次数的简单汇总，但可以考虑作为替代值。

二、市场格局问题

评估目标市场的容量后，大致知道了市场的概貌，但是在这个市场中，我们仍然不清楚直接竞争对手是谁？因为这个容量既包括了高价产品的销售，也包括了低价产品的销售；有相似度很高的产品销售，也有相似度不高的产品销售。所以还需要做两件事：一是要确定这个市场的弹性（市场集中度），二是要确定自身的参照坐标（主要竞争对手销售额）。P&G（宝洁）根据主要竞争对手瓜分市场后形成的市场集中度的大小，将市场分为四大类：

（1）市场集中度处于0%～26%，称为自由竞争市场。

（2）市场集中度处于26%～42%，称为半自由竞争市场。

（3）市场集中度处于42%～74%，称为寡头竞争市场。

（4）市场集中度处于74%～100%，称为完全垄断竞争市场。

相对来说，集中度越低的市场，市场越不成熟，机会越大，反之则机会越小。市场集中度是目标设立的重要参考。

市场集中度主要指销售总量或总额排名前三或靠前的品牌占整体市场份额的比例，是一个市场机会指标；在这个机会指标之上，可以确认一个主要竞争对手作为参考坐标，同时根据主要竞争对手的销售额或销售量，确定自身相对市场份额以作为市场规划的目标之一。相对市场份额目标的确立可以有效地衡量自身在大环境中的地位，在某种程度上可以说，当销售业绩不好时，如果相对市场份额能够达标，企业的状况也许并没有想象的那么糟糕。

相对市场份额＝自身目标销售额/目标竞争对手整体销售额

也许有人要问，目标竞争对手的整体销售数据从何而来。稍微上规模的公司都有一个专职部门，通过各种途径收集和处理主要竞争对手的各类报表，而且这是一个例行性工作。

第二节　定量与定性结合，才是一次完整的市场规划

目标设定是一个相对理性的过程，从市场容量的测算到主要竞争对手

的锁定（即相对市场份额的确定）。目标的锁定，既有区域市场目标的锁定，也有全国目标的锁定，既有渠道目标的锁定，也有产品目标的锁定，这取决于品牌定位。根据品牌定位，要完成一次高质量的市场规划，定量数据是骨骼，定性思想是灵魂，定性思想就是目标的分解逻辑，用定性确定对象的性质，用定量确定对象的层级，通过一层层解剖，将目标分解到渠道、客户、产品，终于运营定位，即选择怎样的方式将渠道、客户、产品进行串联或并联，最终形成一个大循环。

所以，在目标分解阶段，遵循的基本逻辑是品牌定位决定渠道（终端）定位，渠道（终端）定位决定客户（消费者）定位，客户（消费者）定位又决定产品定位，运营方式是那根将所有“珍珠”串起来的“线”，“珍珠”是价值核心，“线”决定了最后的展现效果。

一、品牌定位图分析法（Brand Mapping）

如果是新品牌，品牌定位图主要是对重要竞争对手的分析；如果是已有品牌，则侧重于对自有品牌的分析。在品牌特质的分析上，最重要的一个辅助工具称为“5 点量表”，即将品牌可能具备的某种特质用 5 分的方式，让受调查者根据品牌印象打分，特质越明显的分数越高，但是这些备选的品牌特质从哪里来呢？

（1）现有竞争对手或自己的广告、宣传单、使用过的广告语等让受调查者产生的联想。

（2）企业决策者试图赋予品牌的形象。

（3）消费者在使用过程中“发明”的新特质。如 2013 年 3 月，电商大咖京东商城高调更换域名、Logo（商标/徽标）及 VI（视觉识别）系统，随后一只名叫“Joy”的金属小狗也横空出世。配合主要竞争对手天猫商城“卖萌猫”的形象，暗合了无数网民戏谑的“猫狗大战”，也让品牌更有谈资。

例如：请给下列语言判断打分，完全赞同为 5 分，比较赞同为 4 分，赞同为 3 分，不赞同为 2 分，完全不赞同为 1 分（如表 3－2 所示）。

表 3－2 胖哥特质的关键词测试

<table>
<tr><td colspan="6">“胖哥槟榔”的图像（如右图）会让你第一时间想到什么</td><td>胖哥图标</td></tr>
<tr><td>性情直爽，喜欢结交朋友的人</td><td>1</td><td>2</td><td>3</td><td>4</td><td>5</td><td rowspan="3"></td></tr>
<tr><td>忠诚、厚道的朋友</td><td>1</td><td>2</td><td>3</td><td>4</td><td>5</td></tr>
<tr><td>可爱、卖萌的朋友</td><td>1</td><td>2</td><td>3</td><td>4</td><td>5</td></tr>
<tr><td>有烟酒消费需求的人</td><td>1</td><td>2</td><td>3</td><td>4</td><td>5</td><td></td></tr>
<tr><td>没有联想或其他</td><td>1</td><td>2</td><td>3</td><td>4</td><td>5</td><td></td></tr>
</table>

依据这个方法，一步步将涉及胖哥特质的关键词进行测试，根据结果，再将胖哥槟榔消费者认同的形象进行勾勒或者同期比较，形成品牌形象一览表，如图 3－1 所示。

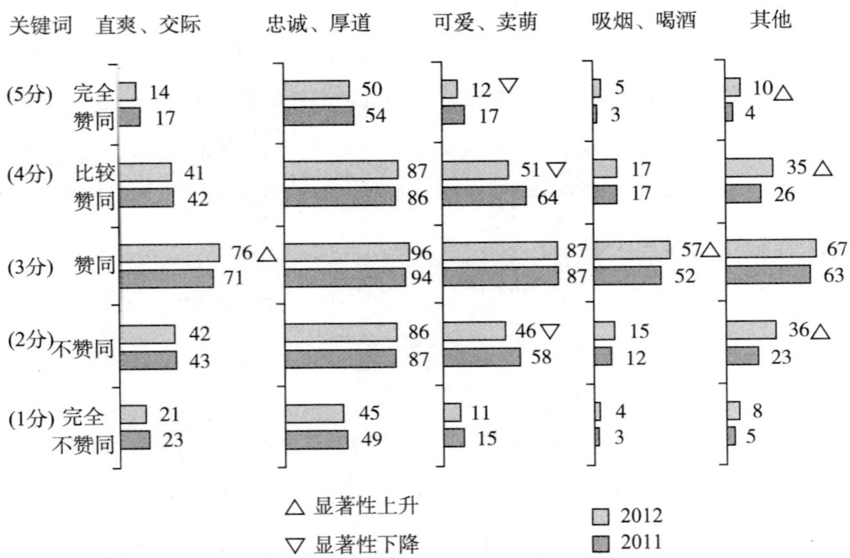

注：箭头代表观察的差异是真实存在的；而没有箭头标记就说明观察的差异完全是抽样波动导致的。

图 3－1 品牌形象一览图

二、渠道、客户、产品定位

本书强调的不是渠道整合的思路、客户调整的方法、产品选择的标准，而是怎样用数字的方法，将定位目标一步步分解到渠道、客户、产品，最终实现数字可控的目标。

品牌定位的分解，分定性目标的分解和定量目标的分解，除了分解方法略有差别外，分解逻辑基本一致。

（一）定性目标分解

定性目标分解指将定性指标按“品牌定位→渠道定位→客户定位→产品定位”的递进原则，采取由下一级对上一级进行解释、说明、补充的方式，对每级定位进行分解。

以家居建材的照明产品为例，演示分解步骤：

1. 品牌定位

高端家居照明。

2. 渠道定位

品牌专卖店、大型建材超市、高端家装设计公司：

（1）品牌专卖店：①飞利浦、松下家居照明销售占比超过整店 30% 且经营高端品牌时间超过 3 年；②愿意提供不少于 80 平方米为我司品牌专卖形象展示区；③愿意提供不少于年度任务比例下 3 个月的运营资金。

（2）大型建材超市：①年营业额不低于 100 亿元的国内外一线建材超市，如 B&Q（百安居）、红星美凯龙等；②卖场具有提供从设计、销售、安装到售后一体化服务的能力和配置；③协议回款时间控制在 90 天到 120 天。

（3）高端家装设计公司：①有甲级或一级家装工程室内施工资质的装饰企业，以装饰工程公司为主；②以地级市为单位，销售业绩排名前三的装修装饰公司；③2010 年以来有一单以上的工程造价在 1200 万元以上高档室内装饰工程的公司。

3. 客户定位

（1）品牌专卖店：①已确认施工单位，包工不包料或甲定甲购的高端家装消费人群；②以灯具采购为主，其他建材产品采购为辅的消费人群；③灯具费用预算不低于整体预算的 10%。

（2）大型建材超市：①注重购物环境，对价格不敏感，装修计划在准备阶段的人群；②偏重于接受从设计、销售、安装、售后一条龙服务的人群；③灯具、洁具、板材、瓷砖等各类建材一站式购买的人群。

（3）高端家装公司：①包工包料的主要消费人群；②别墅和个性化灯具消费人群；③灯具费用预算不明确或不限定的人群。

4. 产品定位

（1）品牌专卖店：D 系列和 Q 系列产品专供产品。

（2）大型建材超市：S 系列和 C 系列产品专供产品。

（3）高端家装公司：Z 系列产品和接受订制产品。

（二）定量指标分解

定量指标分解指将一个具体的数字指标，按品牌定位→渠道定位→客户定位→产品定位的递进原则，将每级指标进行层层量化分解，最后实现整个规划“人人头上有指标”的目的。

1. 品牌定位

高端家居照明竞品飞利浦相对市场份额的 1/10，即年销售目标 5 亿元。

2. 渠道定位

（1）品牌专卖店：2 亿元。

（2）大型建材超市：1 亿元。

（3）高端家装公司：2 亿元。

3. 客户定位

（1）品牌专卖店：门店零售 1.5 亿元，区域家装设计公司带动关联销售 0.5 亿元。

（2）大型建材超市：一体化、一站式购买 0.5 亿元，零散购买 0.5 亿元。

（3）高端家装公司：别墅人群 1.5 亿元，个性化装修人群 0.5 亿元。

4. 产品定位

（1）品牌专卖店：D 系列 1.5 亿元，Q 系列 0.5 亿元。

（2）大型建材超市：S 系列 0.5 亿元，C 系列 0.5 亿元。

（3）高端家装公司：Z 系列 1.5 亿元，订制产品 0.5 亿元。

第三节　市场规划中常犯的数字错误

数据分大数据和小数据，大数据指互联网概念中言之必及的云数据，小数据则是本书涉及的传统销售中累计的有限数据，它主要分两大类：经验数据和非经验数据（基础数据、统计数据、深度数据）。强调非经验数据，并不意味着要否定经验数据，但有些时候，如果迷信经验数据，削足适履，也会被带入歧途。

一、分类不当导致的数据歧义

宝洁公司按市场集中度将市场格局分为四类，根据市场集中度大小，判断市场机会的大小，将这个标准作为市场格局的红线。由于宝洁公司的洗化类产品的功能和品类相对比较明确和单一，在计算总体市场容量时，产品的分类也就非常明确，这样计算出来的市场集中度相对较高。而在实际操作中，很多行业尤其是发展相对落后的行业，由于分类标准不清晰，导致很多行业在统计市场总量的时候，总是显示总量偏大，市场机会偏多，很多从成熟行业转战这些落后行业的企业，原以为发现了新大陆，结果却掉进了沼泽地。这样的情况屡见不鲜。

如以电风扇起家的美的集团，2009 年高调进入照明行业，其重要的战略依据就是发现照明行业作为一个 3000 亿元市场容量的行业，龙头企业飞利浦照明、欧司朗照明、雷士照明、OP 照明占整体市场的比例不到 5%。对于习惯了做“行业公敌”的美的集团，原认为“杀鸡焉用宰牛刀”，以为动动手指就能将照明行业搅得天翻地覆，但经过 5 年的摸爬滚打，才知道自己是以虚假的前提得出了错误的判断。

照明是一个非常广泛的概念，小到走廊拐角的指示灯，大到户外的体育场馆照明，并且还细分为光源、电器、灯具等各个种类，灯具又分多个种类。照明行业协会统计的市场容量，是将方方面面的各类数据进行了汇总，但很少企业有能力将所有产品都做完做全，包括飞利浦照明在内。美的集团的照明产品，是以室内的家居照明、亚克力材质产品为主，而这个品类的产品当年市场总量也就 220 亿元左右，以飞利浦、OP、朗能等为代表的亚克力家居照明品牌，销售总额早就超过了 60 亿元，也就是说，其实美的集团进入的是一个半自由竞争市场，而不是自由竞争市场（如表 3－3 所示）。

表 3－3　市场集中度与市场类型的关系

市场集中度	市场类型
0% ~26%	自由竞争市场
26% ~42%	半自由竞争市场
42% ~74%	寡头竞争市场
74% ~100%	完全垄断竞争市场

那么，怎样才能不犯这种错误呢？方法是在统计或查询总量数据时，一定要将自身产品的三个指标确认好，即时间、地点和人物。

时间：销售统计的时间段。

地点：产品在哪里被使用。

人物：购买者是谁。

地点和人物，这两个因素越聚焦，得到的市场容量越可靠。然后将同质化的竞争对手，与得到的市场容量进行比对，得到市场集中度。

仍以照明产品为例，一个做家居照明且以门店零售为主的企业，如果需要统计目标市场的容量数据，必须按时间、地点、人物的要求，将目标市场进行如下细分（如图 3－2 所示）。

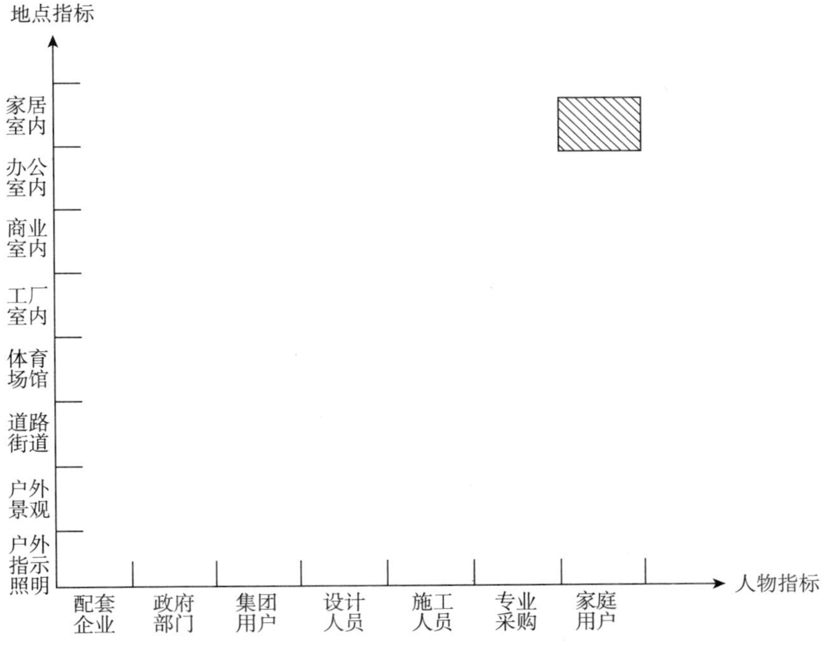

图 3－2　某照明企业的细分市场

很显然，在庞大的照明市场中，家庭用户采购的家居室内照明产品，才是该企业应该统计的目标市场容量。

二、完全用定量指标取代定性指标

无论是新市场的进入，还是原有市场的重新界定，市场规划都属于创造性重建的过程。这既需要熟悉市场形成的经验积累，也需要规划者在众多资料和现象的扫描中灵光一闪，用定量指标来替换或者取代定性指标。定量指标它能够帮助我们理清目标，但想用定量指标完全取代定性指标，似乎又总是徒劳。

以运营模式中涉及的渠道结构设计为例，有人喜欢将渠道层级作为渠道便利性的指标，认为渠道层级的多少会影响渠道的效率，便有人认为每增加一级渠道，渠道效率就下降 10% ~15%，并据此提出了所谓的三级渠道理论，这样的结论只在理论上说得通（如图 3 –3 所示）。

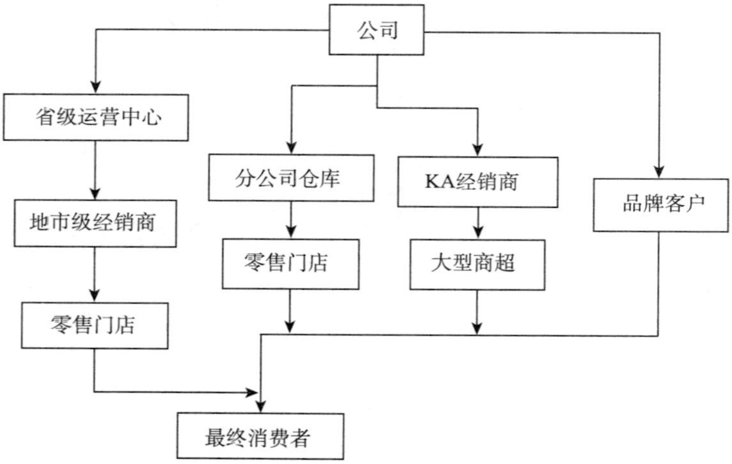

图 3 –3　三级渠道理论

市场规划的核心是实事求是地落地执行，在中国这样一个省市县镇（乡）行政体系发达，渠道纵深罕见的市场，尤其是在县级以下的市场发展，不依靠发达的垂直渠道，成功基本上很难。这也是很多国外品牌斗不过中国本土品牌的重要原因，得“县域市场得天下”成为很多国际品牌跨不去的坎。

国际品牌擅长量化，也精于量化，将从欧美市场积累的经验数据，套用到中国市场进行操作，结果发现，欧洲一个国家的地理面积仅相当于中国的一个省，过去在欧洲做全国市场，由于城乡差别小，地理空间有限，经销的设置只是徒劳增加商品的流转时间。但是在中国做全国市场，由于城乡的差别，物流发展的不均衡，更由于中国的幅员辽阔，不善于做渠道的外企真是“老教授遇到新问题”。

渠道效率不能用渠道层级量化的原因有二：

一是中国的渠道操作讲究仓储功能，又叫“库存转移”，这是让很多国内经销商又恨又怕的事。因为渠道的仓储能力优先，所以渠道的商品传递功能退居次席，国内厂家尤其是国内品牌厂家月底压货就成为常事。虽然不能为压货叫好，但压货的实际结果是，渠道充斥的货品提高了渠道货物流转的响应速度，同时迫使商家与厂家更多地关注市场的拓展，而不是坐在店里等客上门。这成为提升渠道效率一个很重要的原因。

二是渠道效率的重要表现在于，消费者能不能第一时间获得自己想要的商品。多层级的渠道让消费者的接触点增多，消费者获取商品便利性提高。国内渠道既然注重仓储，即使渠道再纵深，消费者也能第一时间拿到自己想要的商品。这就像电力传输一样，每一根电线里都整齐排列着自由电子，当南方电网打开电闸的一瞬间，远在千里之外的黑龙江，也能享用来自千里之外的南方电网电力资源。这也是渠道层级虽然多，但效率更高的主要原因（如图 3 –4 所示）。

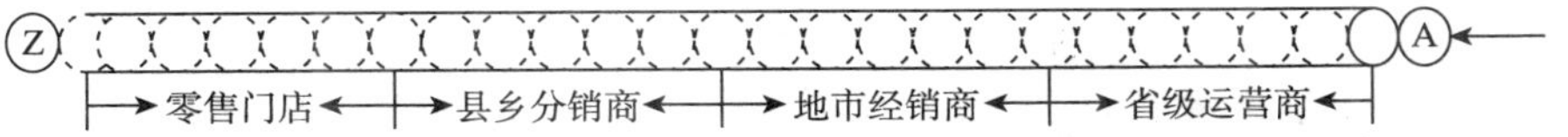

图 3 –4　渠道效率

第四节　市场规划的关键：资源与任务的匹配

资源与任务的匹配，其实主要包含两个方面：一是费用投入与销售产出的匹配，二是人员投入与市场目的的匹配。所以，在资源与任务的匹配上，也主要从这两方面进行说明。

一、关于产出匹配的问题

从原则上说，投入多少人、多少钱都和销售目标紧密相连，从投入产出的角度分析，资源与任务的匹配也是最需要、最容易被量化的，先来看看费销比这个指标。

费销比 = 销售额/人均（个人）费用

其中费用指标主要指业务人员的个人工资及福利、差旅费、招待费、通讯费、分摊的办公费用等，当然也有企业将以业务人员名义申请的促销费、价格返点计入费用。

例如：某企业计划进入某个新兴渠道，2015 年市场规划的销售目标为 1 亿元，销售人员 40 个，该企业原渠道人员费销比为 25%，考虑新渠道增长空间和投入需求，新渠道的费销比指标定为 20%，请确认该企业新渠道的年度人员费用。

费销比 = 销售额/年度人员费用

20% =10000 万元/年度人员费用

年度人员费用 =500 万元

人均费用 =500 万元/40 人 =12. 5 万元/人

人均费用与销售产出的另一个匹配公式（主要针对销售类人员），就是常用的公式：

销售产出 = 人均费用/(销售倒扣毛利 – 销售提成点位)

如计划中每个销售人员的提成是销售额的 3%，新渠道的毛利率是 50%，人均费用预算是 12. 5 万元，则新渠道每个销售人员最低的销售任务是：

人均最低销售任务 =12. 5 万元/(50% –3%） =26. 59 万元。

这个数据是最低销售指标，即公司在不亏本不盈利的情况下，每个销售人员必须承担的销售指标（其中人均费用应该包括所有各类费用)。公司的销售目标只有高于这个数据才能盈利。

二、关于人手的匹配问题

反过来，从资源的投入再导出销售人手目标，也是常用的方法，关键是人均投入产出比的参考值怎么确定。

还是利用前面的资料，如果不清楚计划投入的人手，企业要根据资源的情况，确认销售人员的数量。如果已经确认年度人员费用是500万元，成熟渠道的人均费用是10万元，在拓展新市场的前三年，新兴渠道的人均总费用指标应该是3∶2∶1，也就是新兴渠道的人均费用在前两年原则上要高于成熟业务，当然主要在提成上，第三年才会持平。为了降低投入风险，前三年对于新兴渠道的人员考核，将固定底薪部分调低，新兴渠道固定底薪部分通常采用按1/3∶1/2∶1的方式，与成熟渠道人员相比正好相反，奖金、提成部分则采用3∶2∶1的方式，甚至更高（如表3-4所示）。

表3-4　成熟市场和新兴市场前三年薪资构成比较表（单位：元）

	底薪			奖金			提成			备注
	第一年	第二年	第三年	第一年	第二年	第三年	第一年	第二年	第三年	同企业薪资比较
成熟市场	6000	6000	6000	1500	1500	1500	0.5%	0.5%	0.5%	
新兴市场	2000	4000	6000	4500	3000	1500	1.5%	1%	0.5%	

根据以上资料，可确认新兴渠道第一年人均费用预算为30万元，而总人员费用在500万元的前提下，预计可以招聘17个人。

如果不从费用的角度来确认人手的话，另一个方法就是从工作量的角度来确认人手的数量。还是以拓展新市场为例，比如公司确认新渠道年度内要开发出200个新客户，根据以往客户开发经验，客户的开发成功率为30%，也就是接触10个客户，只有3个最后落实，而每个客户至少要拜访7次以上，才会最后确认。而每个业务人员每天最多只能拜访3个潜在客户，要完成200个新客户的开发，需要多少业务人员？

这就要用到“三量”工作法，先确认工作总时量，即实地拜访的总时量。

总工作时量：

新客户数量 ÷ 客户开发成功率 × 每个客户最低拜访次数 ÷ 每个业务每天最多拜访客户数 = 200 ÷ 30% × 7 ÷ 3 = 1556 天

人均工作时量：

确认每个业务人员全年的有效工作时间，全年以 52 周计算，剔除 4 周法定节假日（各企业可自行确定），共 48 周，按每周 5 天工作时间计算，共有 5 天 ×48 周 = 240 天。

人员数量：

最后确认需要达成 200 个目标客户的开发所需要的人员数量。

实地拜访总时量 ÷ 人均有效工作时间 ≈7 人

这里提到的 7 个人，仅仅是客户拜访工作需要的人数，如果需要客户维护，如进货沟通、促销执行、售后解决，还需要另行计算人工。但基本可以依据此法，逐一进行计算，最后得到实际的业务人员数量，再纳入市场计划中去。

第五节　案例：网络独立商城项目计划书

一、综述

基于 OP 淘宝商城（www. × × × ×. taobao. com）2009 年的运营经验，结合整个 B2C 业务在全年发展趋势，从坚持自建平台和利用已有平台并行的方式出发，计划 2010 年 OP 独立商城（www. × × × ×shop. com）正式上线。

作为独立商城的辅助渠道，OP 淘宝商城从运行之日起，截至 2009 年 12 月 31 日，累计销售 OP 各类产品（吸顶灯、护眼灯、浴霸、节能灯、电工）共计 175.4119 万元（含京东商城销量）。

依据电商行业的发展趋势，经过测算 2010 年整个网购市场，家居照明灯具的市场容量大约在 103.8 亿元左右（搜索量前 80 位的关键词—搜索指数—2% 转化率—220 元的均单价—市场总容量），为进一步拓展渠道和网购模式，2010 年将建立 OP 独立商城作为 OP 产品展示和直接售卖的主要窗口，摆脱寄生于淘宝平台的种种局限，推出淘宝商城服务标准之上的服务水平，突出公司服务的口碑，培养和积累消费者信心。

二、运营模式

支付—配送—服务—促销—品牌。

（一）支付模式——支付易

对于消费者来说，网上交易的瓶颈在于支付方式，支付系统不便会直接影响交易达成，因此 OP 独立商城支持多种支付方式，包括银行转账、支付宝、财付通、快钱、网银在线（银联）等多种较成熟和便利的方式，同时支持上海、深圳、成都、西安 4 城市主城区的货到付款服务。

（二）供应模式——配送快

OP 独立商城仍沿用总部接单，目标区域所属的网购经销商分仓发货的配送供应方式来操作。

新开发的独立商城订单系统具有根据消费者订单地址自动分拨订单的功能，配送商工作人员登录网站管理后台即可自行完成接单、打单、发货、反馈物流信息等一系列工作，解决了订单全人工操作导致的时滞问题，保证生成的订单在 24 小时内完成配送流程，并实时反馈至消费者订单中心。

（三）售后模式——服务优

OP 独立商城作为 OP 品牌官方在线商城，主推服务这一增值卖点来吸引和留住消费者，提供高于传统渠道以及其他网络销售终端的售后服务政策，包括：

①退换货：一个月无理由退换货。

②保质期服务："0" 费用官方售后服务，网店消费者售后费用全免。

③配件服务：推广期提供 "+1 元" 配件活动，作为主要卖点。其余时间可以通过各种促销模式来实现配件服务。

同时，OP 独立网店可以将各项增值服务作为产品进行搭配销售，消费者可以自行选择延长或享受更多服务。

（四）营销模式——促销活

因为是公司独立建设的网店系统，因此各类创新的促销活动都可以通过自我开发来完成并实施，而不受其他平台限制。目前支持的促销方式有以下 4 种：

①买赠促销。

②限时抢购、特价秒杀促销。

③组合套装。

④线上 + 线下联动促销。

（五）推广模式——品牌强

（1）OP 照明经过十多年的累积，在中国照明品牌中已排在前列，在目标消费群体中有较广泛的认知度。

（2）在过去一年的运营当中，我司产品得到了众多网购客户积极正面的反馈，证明 OP 产品有良好的口碑基础。

（3）广告推广集中在专业门户网站、目标消费群体虚拟社区进行投放。

（4）大品牌的会员关怀系统，在会员注册日、生日等纪念日发送相关邮件，维系良好的客情关系。

（5）广告联盟方式进行推广，通过技术手段实现扣点及返利形式的广告方式，是让参与广告联盟的各大网站自行推广产品的有效方式。

三、OP 照明网络渠道竞争力分析

（一）现状分析

OP 作为照明行业的领头企业，在照明网购渠道中处于领跑位置。

目前 OP 传统渠道的竞争对手，如飞利浦、雷士等还没有在这个渠道上有所动作，有也只是在淘宝上，被一些灯饰产品店铺作为一个品类进行配搭售卖，没有形成系统和规模，整体管理比较混乱。

目前在该渠道比较活跃的几个厂商，如“光艺印象”、“广州闪炫”淘宝商城旗舰店，都以色彩艳丽、造型多变的现代灯具为主，实施低价策略，预计 2009 年“光艺印象”年营业额在 500 万元左右，“广州闪炫”年营业额在 100 万元左右，通过网购来实现格局再分配，成为现代灯饰类小企业突围的主要机会。

企业 B2C 成功案例

李　宁

2008 年 1 月，李宁电子商务部正式成立。由于在淘宝上开店有低成本、见效快的优势，企业不需要自主建立强大的 IT 平台作支持，出于这样的考虑，李宁公司将 B2C 电子商务的第一步踏在了淘宝上。在李宁的 B2C 平台尚未建立时，网上早就有了大量的李宁产品卖家，淘宝数据显示 2007 年仅在淘宝上李宁商品就已经有近 5000 万元的销售额，对原有的淘宝 C2C 卖家，李宁没有一棍子打死，而是结合网络用户的购物习惯，聪明地采用了“先招安，后整治”的办法，因此网民对网络上的李宁也已经习惯，为李宁的官方淘宝店及独立网店打好了基础。

2008 年 4 月，李宁网络旗舰店在淘宝商城 B2C 平台开张。几个月下来，销售情况超出了预期。证明李宁的 B2C 电子商务模式是受网络消费者欢迎的。

基于这样的良好基础，李宁公司迈开了涉足电子商务的第二步，开始全力筹备打造“E-Lining 商城”，专门为 B2C 模式的电子商务，量身打造一个新平台来提供服务。2008 年 6 月 18 日，官方网上商城正式开张营业。

至 2009 年底，李宁网上销售已经取得了 2 亿多元的成绩。

（二）OP 竞争力分析

1. 后台运营

OP 网店总部接单、分仓发货的运营模式已实行一年多，通过不断解决运营过程中遇到的各种问题，总部及配送商收获不少经验，现在开发独立网店，在此基础上进一步优化工作，将机械劳动转化为自动化，将人力转到提升服务和细节操作上来。

2. 品牌产品定位

（1）借助 OP 照明传统渠道的优势，良好的品牌效应以及产品口碑已经深入广大目标消费群体。

（2）OP 产品大众化程度较高，便于更多消费者接受，较个性化产品，单品能产生更大的销售额，减少运营成本。

（3）OP 网络渠道将主推服务品牌，在网络上将 OP 的优质增值服务实现，树立基于并高于灯饰行业传统渠道的服务口碑，通过厂家信誉及高质量服务，减少消费者对于网购的担心。

3. 有效的营销

通过一年多的摸索，已经掌握网络促销及推广的各种方式，可以借助有效的手段吸引消费者购买。

4. 现有网络非授权卖家

目前网络上售卖 OP 产品的卖家有上百家，其中不乏销量很高的商家，通过供货、产品服务以及培训等手段，对其逐步加强管理和授权，规范他们的网络市场行为，并与独立商城形成合力。

四、项目要求

2009 年第一轮投资运营费用 20.4331 万元。

实现销售收入 175.4119 万元，收入管理费用 7.0412 万元。

本期资金需求数额：

2010 年淘宝商城 + 独立商城运营费用：65.2 万元。

独立商城服务器费用：10 万元。

相应收益：

2010 年整体销售收入达 996.5 万元，预计收取管理费用 51.3 万元。

未来三年融资和盈利计划如表 3－5 所示。

表 3－5　未来三年融资和盈利计划

年度	资金缺口（单位：元）	管理收益目标（单位：元）	盈利收入（单位：元）
2010 年	75.2 万	51.3 万	－23.9 万
2011 年	300 万	221 万	－79 万
2012 年	500 万	505.3 万	+5.3 万

注：盈利收入不含厂家成本价与进货价的差额。

五、业务描述

作为 OP 自建的网购运营平台，主要通过渠道职责和利益的再次分配，提高 OP 产品与消费者的见面度，并利用网购渠道这个直接面对消费者的平台，由过去的渠道管理逐步过渡到消费者管理。独立商城面对的消费者主要分三类：

（1）有成功的网购经验，尤其是在 OP 淘宝商城有成功购买经验的消费群。

（2）25～40 岁之间，有上网习惯且不愿为买建材产品在实体店舟车劳顿的人群。

（3）仅仅是家庭局部产品替换，且灯具不属于急需产品，对价格不太敏感的人群。

OP 独立商城推行相对于淘宝商城在网购便捷性和服务满意度上的优势竞争策略，主要体现如表 3－6 所示。

表 3－6　独立商城与淘宝商城的优势对比

	独立商城	淘宝商城	优势
网购便捷性	支持多种支付方式：网银在线（银联）、财付通、支付宝、快钱等多种支付，同时支持银行转账及上海、深圳、成都、西安 4 城市主城区的货到付款服务	仅支持支付宝支付	减少了消费者各种支付方式相互转账、充值的麻烦
	支持多种交流方式，包括 QQ、Web 在线聊天及商城留言板	仅支持淘宝旺旺交流方式	以消费者习惯的交流方式来交流，便于交流和沟通的达成
服务满意度	暂定一年的推广期，实行全场免运费政策	从 2010 年起，全场运费自付	运费差额，可以让消费者得到更多的实惠
	1 个月无理由退换货，消费者支付返回费用	7 天无理由退换货，消费者支付往返费用	1 个月无理由退换货及售后“0”费用服务的推广，培养消费者对独立商城的信赖感
	配件破损，消费者仅需提供照片无须返还破损件	配件破损，需消费者返还破损件并支付返还配件费用	—
	会员制度的终身折扣优惠	淘宝积分制	立减优惠比积分兑换更具即时效应

通过独立商城的搭建，计划利用三年的时间，实现网购渠道销售收入近 1 亿元，年管理收益达到 500 万元以上，具体如表 3－7、表 3－8 所示。

表 3-7 年度销售与收益预估

	网购交易量（含所有品类 C2C 平台）	OP 官方交易自然销量	OP 网购分销自然销量	OP 官方交易增量	OP 网购分销增量	合计销量	年度运营费用	年度费销比	年管理收益	增长突破点
2009 年	2473 亿元	/	/	125 万元	50.9 万元	175.9 万元	20.4 万元	11.60%	7.04 万元	
2010 年	4100 亿元	207.5 万元	85 万元	500 万元	204 万元	996.5 万元	65.2 万元	6.54%	51.3 万元	1. OP 独立网上商城 2. 京东商城
2011 年	5900 亿元	1020 万元	416 万元	2040 万元	832 万元	4308 万元	300 万元	6.96%	221 万元	1. 当当、亚马逊等国内大型 B2C 商城 2. 网络分销渠道
2012 年	7900 亿元	4100 万元	1672 万元	2870 万元	1171 万元	9813 万元	500 万元	5.10%	505.3 万元	1. 实现网络产品专供 2. 主要省份，实现以省为单位的配送网和售后服务中心

表 3-8 销量来源分析

	OP 官方交易自然销量	OP 网购分销自然销量	OP 官方增量部分				OP 网购分销增量部分		
			独立 IP	转化率	客单价	预计销量	数量	客均产出	预计销量
2010 年	同比行业 66% 的自然增长	同比行业 66% 的自然增长	60 万元	1%	833 元	500 万元	4 个	51 万元	204 万元
2011 年	同比行业 44% 的自然增长	同比行业 44% 的自然增长	90 万元	1.48%	1531 元	2040 万元	10 个	83 万元	830 万元
2012 年	同比行业 34% 的自然增长	同比行业 34% 的自然增长	100 万元	1.6%	1794 元	2870 万元	11 个	106 万元	1171 万元

六、产品及服务

网购渠道是新兴渠道，作为传统渠道的主要补充，在 OP 销售体系上表现出三大优势：

第一，目前照明行业的企业较少涉足网购业务，尤其是雷士、阳光等较大的品牌在网购业务上，尚属空白或未成体系，及早投入将有较好的先发优势。

第二，网购将直接面对消费者，对消费者行为和轨迹分析，有利于从渠道管理逐步转型到消费者管理，加大渠道的话语权。

第三，一部分优质渠道客户的职能转型，从以售卖为主到配送服务为主，将重组渠道价值，降低渠道的运营成本，从而实现渠道的增值。

从长远来看，OP 作为网购业务模式的主导者，资源和资金主要放在产品进步、品牌建设以及优化配送与服务体系。产品作为核心竞争力，无论在传统渠道还是在网购渠道，都是评价品牌生命力的第一标准。在产品上的持续创新和改进，迟早都会得到市场的回报；在品牌建设上，除了线上线下的广告投放外，终端体验店的建设标准制定和费用投入也是 OP 资源的投向之一；在配送和服务体系中，除了配送和服务网点建设外，连接 OP、消费者、配送商以及服务商信息系统的建立，也是未来费用投入的方向。从渠道管理的便利性上来看，服务商和配送商将合二为一，并逐步将分布在全国各地的服务商、配送商纳入全国联保体系，实现化零为整，相互依托。

未来 OP 网购渠道有三个定位：一是泛区域品牌的建立和持有者；二是产品的持续创新和改良者；三是制度与体系的制定和管理者。

以售卖为主导的终端逐步转变为以体验为主导的终端，这是 OP 终端未来发展的主要趋势之一，尤其在一二级市场。当终端不再成为售卖专家，而是展示专区后，渠道客户的销售功能必然会被弱化，这种情况在三、四级市场会更加明显。消耗大量终端注意力的销售功能被弱化后，终端的主要精力转为区域配送能力和网络的优化，以及售后服务体系的完善，必要时可成立单独的服务外包公司，成为区域售后服务中心的盈利中心，这是网购未来发展最重要的基础。销售效率提高以后，销售的重心应该向服务转移，而不是仅仅关注销售达成，换句话说，渠道客户的主要功能应该转向配送和服务，而不是直接销售。

网购业务对渠道客户的价值：一是无须在黄金地段购买或租赁店铺，而只需在市郊租赁配送仓库，减少店租成本；二是终端装修费用的大量节省；三是配送人员的管理相较于导购人员的管理标准化程度更高，也更容易管理。

七、营销策略

根据艾瑞咨询推出的《2009－2010 年中国网络购物行业发展报告》研究显示，2009 年中国网络购物交易额占社会消费品零售总额的比重持续上升，初步统计有望达到 1.98%。未来 5 年内，网络购物交易额规模占社会消费品零售总额的比重将突破 5%，网络购物对于传统零售市场的贡献将会日趋加大。

如图 3－5 所示，企业电子商务应用是当前以及未来的亮点，零售业正

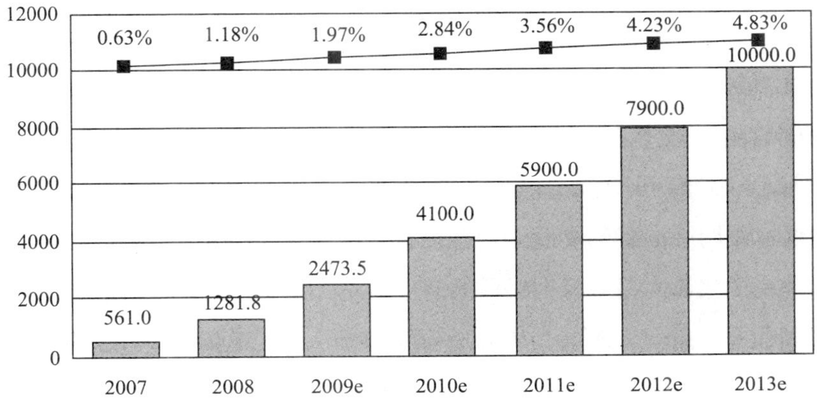

图 3－5　2007－2013 年中国网络购物占社会消费品零售比例

逐步由线下拓展至线上，线上与线下的相互渗透与结合逐渐加大。随着网上购物平台的发展壮大，网络购物用户规模的持续增长，网上销售额规模会快速持续的增长，网上零售将成为传统零售市场日趋重要的组成部分。

网络购物的重要性已经得到政府部门的充分认可，根据2009年11月底商务部最新发布的《关于加快流通领域电子商务发展的意见》，未来政府部门对于电子商务的扶持力度将持续加大，力图通过创造更加规范的网上交易环境、并扶持一批规范的网购企业，力争到"十二五"（2011～2015）期末，网络购物交易额占我国社会消费品零售总额的比重达5%以上。

依据目前网络上销量较高的产品品类信息收集情况，在网购产品的区分上，采用以新品为主，尤其以彩风系列为主，同时采用处于衰退期的老品作为主要流量型产品提升人气，逐步开发以造型和色彩系列为主的产品。价格策略采用双价格策略，即以OP照明官方商城标注的市场价为参考价（参考各大区办事处反馈的定价标准，按95%的置信度确定的市场价格为出厂价的220%）。以与淘宝商城旗舰店的商品售价保持一致的售价为OP照明官方商城的实际售卖价。预计通过五年的运作，实现网购营业额占传统渠道营业额的5%。

以2009年主流电子商务平台的用户拓展重点向线下、更偏远地区转移的特点来看，通过广播、电视、杂志等传统媒体的营销推广，以及类似淘1站等线下联结店的展开，购物平台已经开始培养非网民群体、三四线区域的消费者网络消费的理念和习惯。同时，随着互联网向西部、农村等区域的渗透持续加大，未来网络购物将会覆盖更广的人群。所以，我们有足够的理由相信，随着网购人员的进一步增多和网络技术的发展，网购渠道的销售占比将进一步提高（如图3－6所示）。

基于目前网购渠道的迅速发展，以及独立商城处于起步阶段，2010年的推广资源采取向独立商城倾斜的方式投放，所有外部广告资源均链接到

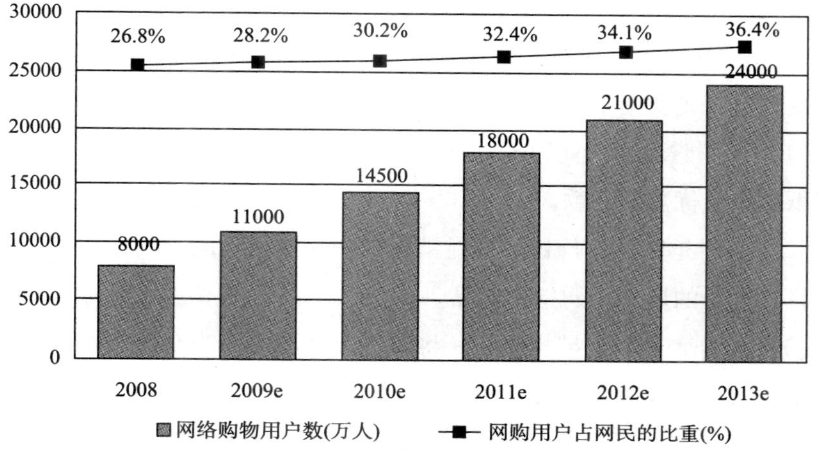

图 3－6　2007－2013 中国网络购物用户占网民比例

独立商城网址（www. ×××shop. com），淘宝商城主要采用淘宝客、直通车的广告方式和呆滞品处理的特价支持进行推广。

（一）独立商城支持的主要推广方式

专业门户网站广告：搜房、焦点、新浪房产、雅虎房产、和讯房产、中国照明等专业门户网站的广告。

虚拟社区广告：各房产论坛、业主论坛、照明论坛的广告及团购会。

广告联盟：按照网络广告的实际效果（如销售额、引导数据等）向打广告的网站支付合理的广告费用（按设定的点数扣点等方式），节约营销开支，提高营销质量。

（二）辅助的推广方式

E-mail 广告：基于官方商城的注册用户和淘宝商城旗舰店消费者的邮件地址，以 E-mail 形式向该类客户群不定期投放官方商城专场优惠活动的预告。

传统广告：各大传统门户网站的广告。

结合 2009 年淘宝商城上促销效果的评估，2010 年，拟定针对独立商城的促销方式主要集中在以下 4 种方式：

（1）买满赠现金。促销规则——客户购买商品达到指定的金额，即可直接抵扣指定优惠的货款。

（2）限时抢购、特价秒杀。促销规则——在指定的时间段内，客户以低于日常售价的形式抢购指定商品。

（3）组合套装。促销规则——将多件货品捆绑作为套装商品，成套购买可享受低于多件单独购买的优惠。

（4）线上 + 线下联动促销。促销规则——以同步实体店终端促销的在线优惠，线下网友见面会组合的方式开展联动促销。

八、团队构成

具体如表 3 – 9、表 3 – 10 所示。

表 3 – 9　现有人员构成

	黄××（项目负责人）	李×（电子商务主管）	鲜××（客户主管）
相关工作经历	（1）2000 ~ 2002 年，湖南福莱软件有限公司负责策划与推广 （2）2006 年，创办湖南阳光部落室内设计图书馆网站 （3）2008 年至今，组织建立 OP 照明淘宝官方商城并负责其运营	（1）2006 年，湖南阳光部落室内设计图书馆网站任职技术主管 （2）2008 年至今，实施 OP 淘宝商城的建设和运营	
优势	（1）既熟悉 OP 运作和照明行业，又熟悉网络运营的基本规律 （2）具备网络和软件知识的认知基础，有网站创业的经验与教训 （3）照明产品网购推广的积极倡导者	（1）熟悉各类软件及网购平台搭建的各类技术 （2）思维活跃，对网络趋势比较敏感，具备较好的美工功底及数据库搭建的知识 （3）熟悉 OP 产品的品类和设计风格	（1）从淘宝商城成立之初负责后台的搭建和服务，熟悉后台服务的各个环节 （2）性格沉稳、细致，工作认真负责 （3）年轻、有冲劲

表 3－10　招聘岗位表

职位名称	职责描述	职位要求
电子商务网站系统工程师（1 名）	（1）负责电子商务网站的二次开发及系统性能优化 （2）及时解决运营人员遇到的软件技术问题 （3）及时回应运营部门对系统的改进需求 （4）根据项目要求和网站美工一起完成网站的后期设计与制作维护 （5）配合网站项目经理制定工作进度	（1）两年以上使用 PHP + MySQL 编程经验 （2）熟悉 Linux/FreeBSD/Solaris/Win + Apache + MySQL + Zend 的配置与安装 （3）熟悉 JavaScript、XML、AJAX 和 Div + CSS （4）能在 MySQL 上进行数据库设计、SQL 性能优化 （5）具有 PHP 缓存技术、静态化设计方面的经验，能够独立开发后台 （6）大专及以上学历，有良好的沟通和学习能力、勤奋敬业、有较强的团队协作能力以及快速解决问题的能力 （7）对 Shopex 等电商系统能做二次开发者优先
美工及产品维护（1 名）	（1）负责公司电子商务网站的设计、改版、更新 （2）负责公司电子商务网站产品的统筹、拍摄、编辑等管理工作 （3）对公司电子商务网站的产品宣传页面进行美工设计 （4）负责公司电子商务网站内的广告和专题的设计 （5）根据项目要求和网站系统工程师一起完成网站的后期设计与制作维护 （6）公司部门其他美术设计相关工作	（1）美术、平面设计相关专业，专科及以上学历 （2）从事大型网站网页美工设计工作 1－2 年，有门户网站或购物商城的美工经验 （3）精通 photoshop、fireworks、dreamweaver、Illustrator 等网页设计和平面设计软件，熟练使用 flash 制作网站动画，熟悉 Div + CSS （4）熟悉网站开发的整体流程，具有在 WEB 应用开发项目中从事页面设计和脚本编程的经验 （5）注重团队合作，有良好的语言表达能力及沟通能力，工作认真负责、细致周到，能承受一定的工作压力 （6）具备大型网站设计经验；熟悉大型网站模版技术者优先，应聘者请提供作品地址。无作品者不予考虑 （7）熟悉 Shopex 购物商城者优先考虑
客服后台人员（3 名）	（1）接受消费者电话、邮件、线上以及论坛中客户反馈的问题，线上、电话即时回复，并对问题进行整理反馈 （2）收集客户及相关市场资料，建立和管理客户档案和信息数据库 （3）维护良好的客户关系，掌握客户需求 （4）能够冷静处理问题，礼貌对待用户 （5）接待、反馈、跟进与处理消费者投诉 （6）负责与相关部门的业务协调，及时解决客户提出的问题	（1）普通话标准，口齿清楚，具有良好的沟通技巧，有耐心，有足够的应变能力和解决处理问题的能力 （2）能吃苦耐劳，工作认真仔细，有责任心 （3）熟悉使用各种常用的办公软件、线上 IM 软件 （4）能适应周末换班 （5）有较强的人际沟通能力、应变能力和协调能力，能独立处理紧急问题，有良好的团队意识和沟通能力 （6）心态好，开朗幽默，有快速学习的能力，能够努力掌握照明产品相关知识 （7）从事过网上购物线上客服相关工作经验者优先考虑

九、风险分析

风险一：有着上网经验的消费者主要为一线城市的年轻人群，而目前OP传统渠道的主力市场为县级城市，目标客户群与实际消费者存在一定的错位。

网购的目标消费者与传统渠道的消费者存在一定的差异，这正好在一定程度上弥补地级市，尤其是一线城市的销售软肋。网购的目标不是和传统渠道抢消费者，尤其不会通过价格竞争的方式抢夺消费者（目前的网购价格，除掉运费、包装、税费、各类扣点等费用后，可以保证渠道客户利润在30%～50%，即使是促销，扣掉各类费用后，也可以保证客户的利润在20%左右）。OP网购的目标消费者是：地级市以上有网购经验的人群，现代意义上的“宅男宅女”，以及由于消费习惯改变、从传统渠道流失的部分客户。

风险二：OP产品以白色亚克力材料为主，在图片展示上不占优势。

以白色亚克力为主的产品风格，确实在展示上有较大劣势，“光艺印象”及“广州闪炫”等非知名品牌在网上的热卖，就是一个例子。为解决以上问题，从以下两个方面着手：

在产品上，采用以下办法：

（1）选取以彩风系列为主的新品和产品，作为主要推广品类。

（2）选取部分KA专供产品。

（3）开发部分以造型和色彩为主的网购专供产品。

（4）淘宝商城上的呆滞品专项处理。

在展示方式上，采取以情景和互动展示为主的交互方式，让消费者通过情景和互动，加深对产品的认知。

风险三：独立网站的流量可能不及淘宝商城的流量。

为解决独立网站的流量问题，拟采用以下三个方法：

（1）独立商城开业之初，将对淘宝商城上积累的5000名消费者发放DM邮件，传达开业推广信息，将部分淘宝消费者转移到独立商城。

（2）2010年所有的付费网络广告均指向独立商城，利用成熟平台的资源，嫁接消费者流量。

（3）独立商城相比于淘宝商城，在售后政策的优惠性和购买的便捷性上大幅提高，同时实行的会员制，能够将进入的流量转化为实际消费，并进行沉淀。

风险四：网购渠道对现有渠道可能存在的影响。

我们认为，目前网购渠道对传统渠道没有影响，理由如下：

（1）目前网购渠道采取的总部接单，区域配单的订单模式，网购配送商均为传统渠道各区域的销售大户，并没有新增客户，导致分割或减少现有客户的利益。

（2）网购渠道的价格策略，实施高于传统渠道10%以上的定价策略，不存在低价竞争的威胁；其中新品售卖均以出厂价的2倍作为实际售卖价。

（3）目前网购渠道的产品仅展示了200多款产品，其中以传统渠道占比较小的浴霸、护眼灯为主，还包括呆滞品14款；2010年将逐步开发以造型和色彩为主的网购专供产品，以区别于现有渠道。

从最坏的结果来看，即使该渠道最终运行失败，由于采用的是寄生在传统渠道的策略，与渠道客户的交易关系并没有发生改变，保证金制度和产品库存均可沿用传统渠道政策，不会对现有渠道产生任何影响。所以，目前的网购渠道是绿色渠道，是没有二次污染的渠道。

第四章

招商计划，必须做好的四件事

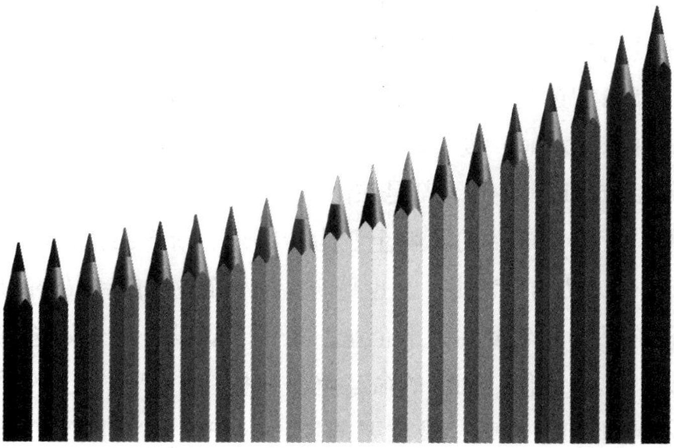

《武状元苏乞儿》大结局时，皇上和苏乞儿曾有一段精彩的对白：

皇上：你丐帮弟子几千万，你一天不解散，叫朕怎么安心？

苏乞儿：丐帮有多少弟子，不是由我决定，而是由你决定的！

皇上：我？

苏乞儿：如果你真的英明神武，使得国泰民安，鬼才愿意当乞丐！

如今很多企业招商，正如《武状元苏乞儿》中的皇帝，眼睛老盯着客户，既希望客户这样，又妄想客户那样，就是没想想自己是哪样。什么样的企业匹配什么样的客户，就会招来什么样的经销商，招商计划多盘点自身的企业，比眼睛老盯着别人的企业会更接地气些，如果自己就是一臭虫，就别学香妃那招蜂引蝶的活儿。

一次成功的招商，除了要有精准的目标客户，项目自身的包装和打扮也非常重要。就像相亲的两个男女小青年，日后会不会原形毕露暂且放在一边，让对方在恋（zhao）爱（shang）阶段爱上自己才是最重要的。企业招商和小青年相亲的道理一样，都是在讲一个故事：我有多好！我为什么这么好。我还能持续好！成熟的品牌企业为新渠道、新产品招商时，多半会用“我爸是李刚”来为自己背书，这也是众多中小企业艳羡和眼馋的地方。

对于没有品牌知名度的中小企业，相当于既没有一个好爸爸，也没有一个好妈妈，这个时候，相亲的命运就多掌握在小青年自己的手上了。能说会道的小青年相亲失败，最重要的原因在于，解决上面三个问题的时候，夸夸其谈、言之无物，而要让对方相信你讲的东西是实实在在可以落地的东西，有一个最便捷的方法，那就是用数据说话。

第一节　项目介绍，好项目需要好表达

保健品行业发展较之于其他行业，发展要早，营销手段和手法也更成

熟。2000 年以前，是保健品火得一塌糊涂的年代。深圳海王集团最早推出了牛初乳产品——海王牛初乳，由于这是一个全新的产品概念，在进行消费者教育，尤其社区推广时期的消费者教育，如何表达产品“是什么”、“怎么样”，成为摆在市场推广人员面前的一个课题。先来看看针对“喝了牛初乳有什么用”这个消费者常问的问题，两种不同的表达方式存在的差异：

第一种：小孩子喝了牛初乳可以明显提高免疫力，比如感冒次数减少，恢复期缩短！

第二种：1 岁以上、6 岁以下儿童每日 3 次，每次 15g 冲服饮用牛初乳，可以明显提高儿童免疫力，表现为原来每年可能感冒七八次，现在则可以控制在 1 ~ 2 次；原来感冒要拖延 2 ~ 3 周，现在只需要 3 ~ 5 天就能恢复。

显而易见，第二种说法更容易让人明白这个新产品的作用和功效，当表述中使用的“减少”和“缩短”等词汇，变成了一个明确的数字，推荐就会变得简单而直白。

企业招商，表述项目的时候，同样是将产品和企业介绍给别人。有人说过，30 秒内不能让受众对表述的内容感兴趣，3 分钟内还不能讲清楚项目是什么，这个项目基本上就可以枪毙了。

在招商计划中，如何才能将一个好项目进行数字化表达，达到最佳效果呢？简而言之，就是在项目介绍或者项目综述中，将企业优势、样板市场运营效果、未来市场预期用一套符合逻辑的数字进行阐述。

一、自身优势数字化

一个企业或者一个产品是“第一”，这种优势对很多招商对象是有吸引力的。但现实情况是，很多企业看别的企业做什么，就做什么；别人做什么市场，跟着做什么市场，导致这个“第一”的称呼无从说起。这是众多中小企业对自身优势认识不清的直接后果。

“第一”不是瞎叫的，一定要基于对自身产品和市场独特卖点进行提炼和分析。有人说，产品和别人一模一样，没有差别，那我就很奇怪，为什么还没人告你侵权？所以一定有差别，只是还没有找到，这种差别放得还不够大。如果这种差别能和消费者的某种需求吻合，恭喜你，这个项目的机会已经显现出来了。

在各省级卫视中，表面上看，都在买电视剧的播放权和卖广告，有什么差别？湖南卫视在组织产品时却将综艺节目和青春偶像剧的购买放在首位，坚持娱乐标签，打造娱乐帝国，并在网民调侃其台标像芒果时，也欣然接受，一副娱乐至死的样子。在紧张的都市生活中，湖南卫视的娱乐宗旨与电视观众“不必思考的轻松”需求合二为一，成就了今天的湖南卫视。这是典型的将产品进行了新的组合，而划分出新的品类。“和其正”凉茶卖同样的产品，只是将容量从310ml提升到600ml，人家就“开创凉茶大时代”。

有人说，产品已经定型，而且和竞争对手差异不明显，在这样的情况下，“第一”从何而来？细分市场成为中小企业持续发展的重要基石，将之称为开辟新市场。“专供”其实是中国市场发明的一个词，是指对某类市场进行排他性地供给，因专供而显尊贵，因专供而显专业，不能成为整体市场的老大，但可以成为某个没有特定企业服务的市场老大，第一个卡位，就是第一。坚果食品早就完成了消费者普及，“三只松鼠”借助电商早期的流量红利和爆款策略，硬生生地做成了“全网坚果销量第一”。其实，天猫在2013年提倡“小而美”，某种程度上是在帮助成熟产品在新市场（网购市场）开辟机会。目前，只不过这种市场已经变得比较明显，竞争过于激烈，要成为新市场的“第一”，还得再辟市场。

在招商项目中除了介绍创新市场容量和品类份额情况外，还要学会对自己产品的利益点，进行数字化的表述。很多人认为利益点不好提炼，因为产品的功效在很大程度上取决于感觉，以酒为例，酒好喝不好喝，确实会见仁见智，但是泸州酒业靠着将“酒是陈的香”这句喝酒人都明白的话，在“陈”字上面进行了一个量化转换，用确切的数字来表达年份久远，用年份久远对“陈”进行了完美诠释，就是现今看到的“国窖1573”——您能品味的历史是442年。上文提到的海王牛初乳，在产品利益点的介绍上，也是用明确的数字方法对利益点进行描述，当然，需要注意国家法令明文禁止对功效承诺的除外。

二、样板市场数字化

在招商开始之前，一般都需要对一个样板市场进行打磨和试验。这既是锻炼队伍、检验产品和模式，也在为新市场的开拓准备资料。尽可能地将样板市场投入、产出的各项数据进行记录与分类，绘制成表，并将这个表格作为样板市场立体化呈现的标准地图。

以企业开拓零售门店的集中作业为例，如表4－1所示。

表4－1　样板市场投入产出量化表

	分解项	明细项	第一周	第二周	第三周	第四周	第五周	第六周	……
投入	人员	一线业务人员							
		后勤支持人员							
		协调管理人员							
		……							
	物料	图册							
		宣传单页							
		挂网							
		喷绘布							
		海报							
		……							
	费用	人员工资							
		人员差旅							
		人员提成							
		复印杂费							
		……							

续表

	分解项	明细项	第一周	第二周	第三周	第四周	第五周	第六周	……
产出	门店数量	目标品牌数量							
		非目标品牌数量							
		……							
	门店进货	主推产品进货额							
		总体进货额							
		……							
	单店效益	主推产品销售额							
		单店销售额							
		……							

将这些数据进行记录和汇总，基本就可以看到一个样本市场在投入和产出情况下，企业对市场的拓展计划和需要招募的代理商应该具有哪些能力。

三、预期收益数字化

其实，在样板市场的数字记录中，已经透露了符合招募资格的运营商应具有的特征。对以零售门店为招募对象的企业来说，用上述方法记录的样板门店基本数据，完全可以作为企业招募门店的参考数据，但对于实体越小的招募对象，越需要将利益明确量化，这样才能解除他们的风险疑惑。

当然，有些企业提供的预期收益表格里，故意略去市场拓展的投入费用，其实这对后期的招商伤害很大。把账算在明面上，没有投入哪有产出，没有市场哪有销售，把真实数据展示给加盟商既是对它利益的承诺，也是对它责任的要求。

以某食品加盟店招商为例来展示一个加盟门店的预期收益，如表4－2所示。

表 4－2　加盟门店的预期收益

阶段	时间	经营预测	预测营业额	预计费用				预计盈利
				人员	水电	铺租	推广	
导入期	2 个月	全天客流量 150 人次，人均消费 10 元/次，平均营业额约 1500 元/天	9 万元	7 万元				2 万元
成长期	3 个月	全天客流量 210 人次，人均消费 10 元/次，平均营业额约 2100 元/天	18.9 万元	12 万元				6.9 万元
成熟期	7 个月	全天客流量 280 人次，人均消费 10 元/次，平均营业额约 2800 元/天	58.8 万元	17.5 万元				41.3 万元

第二节　招商外扩系统的关键指标

所谓外扩系统，是整个营销系统中最具侵略性的系统，也是企业这艘大船能够乘风破浪的根本动力，外扩系统软弱无力，结果一定一败涂地。常说的企业外扩系统，到底包含哪些部分，而这些部分又包含哪些指标，正是本节需要重点解决的问题。

在招商计划中，外扩系统包含两个部分：一是项目运营模式本身的张力，一是推动项目运行的动力，对它们的评价指标，统称外扩系统的关键指标。在实际的操作中，由于使用习惯和行业差别，评价指标参差不齐、种类众多，将通用性的指标提炼出来，控制在 5 个以内，作为对这两部分评估的关键指标。

一、项目张力评价指标体系

招商项目的张力，主要指项目本身的自我运营能力，即项目价值。在对项目背景、项目概况进行介绍后，阐述项目的运行原理是招商对象最感兴趣的部分，由于某些行业的特殊性，技术背景过强的项目，招商对象不一定能够马上明白，用以下几个关键指标将项目运营原理进行简示，通常能够达到事半功倍的效果。

（1）投资回报率＝年利润或年均利润/投资总额×100%

投资回报率指标是对项目整体评估指标，一般以年为单位，计算项目的利润回报情况，有些项目本身具有特殊性，如明显有淡旺季的电风扇经销项目，销售时间主要集中在每年6－8月，投资回报率的计算周期也集中在这个时间段。

（2）损益平衡点＝固定成本/（单位售价－单位变动成本）

项目的损益平衡点是很多中小经销商非常关注但又不常进行统计的一个数据，一份好的招商计划，如果能清楚地告诉招商对象最低销量要求，则能有效引导经销商将注意力放在销售结果上。

固定成本：包括员工底薪、商场和库房租金、管理费、装修费分摊、水电等每月固定不变的费用项目。

变动成本：包括商品成本、商场扣点、销售提成、税点等随销售额变化的相关费用。

（3）样本受众体验满意度

正如上文所说，所有的招商项目必须要有样板市场的打磨，项目有没有价值，样板市场受众的良好评价，会很大程度上打消招商对象的疑虑，而样本受众体验满意度的量化也是模式创新后，常用来评价项目价值的三个指标（体验、增值、降本）之一。

对样本受众体验满意度指标的确认，通常采用调查问卷的方式完成，在受众体验满意度的调查设计中，以下三个问题是必须要涉及的：

第一，相比以往的产品（服务），这次消费过程最满意的地方是哪？

第二，这个最满意的地方在其他产品或服务中，有感受过吗？

第三，您在消费过程中还期望得到怎样意外的惊喜？

对这三个问题的汇总和统计，基本能将消费者对消费的真实体验提炼出来，有助于发现业务模式的卖点和新的商业机会。

（4）增值服务比较

增值服务主要指在设计好的商业闭环中，交易总额有没有一个增长过程。这包括两个部分：一是买卖之间的交易总额有没有发生变化，一是交易对象的数量有没有发生变化。这是评价增值服务的重要标准，通常用“1 单位商业闭环图”来表示这个过程。

以早期粮食流通渠道的改革为例，国家将收粮的粮站和售卖生产资料的销售网点进行合并，粮农向国家卖完粮食的同时，还可以在收粮网点买回生产所需要的化肥、种子、农药等必需的生产资料，原来两者之间的单向售卖关系，变成了双向买卖关系，提高了渠道的流通价值，也为粮农提供了消费便利（如图 4－1 所示）。

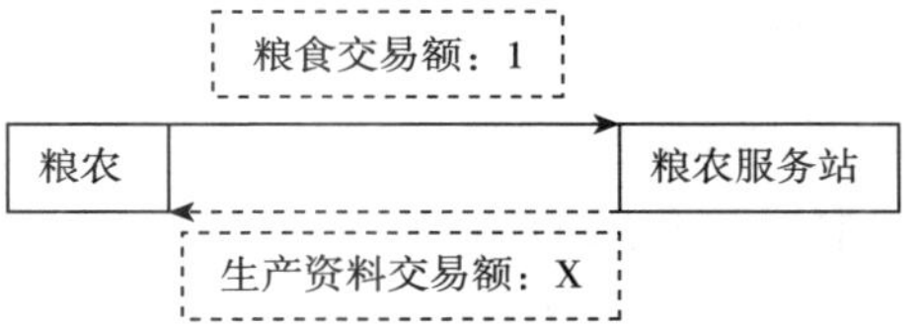

图 4－1　中国早期粮食流通渠道的改革模式

假设改革前交易总额为 1，改革后交易总额为 1＋X，通过前后渠道环节交易总额的虚拟比较，就可以完成增值服务的比较。

（5）成本降低比较

成本降低是衡量渠道价值的第三个指标，以家电卖场的形成为例：20 世纪 90 年代，消费者购买大宗电器产品，是一定要试用的，送货员把空调、冰箱、彩电等货品送货上门后，消费者一定要把空调、冰箱制冷几十分钟，彩电要每个频道调出图像后，才肯在货品签收单上签字，放送货员离开。而今天，无论是哪家电器大卖场的送货员，只需要把货送到消费者家中，就能让消费者签收。

这种变化，一是基于大家电产业的日渐成熟，消费者对产品的熟悉是信任的基础；二是服务竞争的惨烈，已经迫使大部分家电卖场都推出了 7

天内产品任何质量问题，可以无条件退换货政策。

两个时代的不同消费行为，其实都基于“我是不是会买到有质量问题的产品”、“买到了问题产品是否能够及时解决”这两个问题展开。过去一天售后服务人员只能为 10 户消费者配送，现在由于验收程序的简化，已经变成一天可以为 15 户消费者配送，配送效率大幅提高。

以销售 1 万台冰箱为例，如果产品的事故率为 1/10000，检验 1 台冰箱是否能正常工作需要 10 分钟，按上世纪 90 年代的销售效率，这个销售过程要完成，不眠不休也要将近 70 天的时间；而如今，只要提供 1 台冰箱的售后服务就能让 1 万名消费者满意。销售效率的提高，是渠道成本最大的节约。

二、项目动力评价指标体系

项目的动力指标主要是能够驱使这个项目持续向前的指标，如产出指标和覆盖率指标，具体如下：

（1）费销比 = 销售额/费用额

在样本市场的建设中，从费销比指标可以看出每投入 1 元钱，能够带来的销售额，这里的费用总额主要指广宣费用和人员费用，费用明细如下：

广宣费用：广告费用、物料费用、场地费用、公关费用、演出费用、管理费用、活动杂费等；

人员费用：正式人员工资、提成、差旅、餐补、意外保险、临促人员工资等。

这个指标主要帮助招商对象预估投入费用。

（2）人均产出指标 = 销售总额/销售人员数量

除了从利润指标来衡量项目外，销售总额指标更为直观和具有冲击力，当然，这个指标从原来单纯的销售额指标更多地调整为人均产出指标，而这也能帮助招商对象预估人员的投入情况。

注：这里的销售人员数量指直接背负销售指标人员数量，还有公司会将整个后台人员也计入人均产出指标中，这种方法不利于后台人员的控

制，也会影响销售人员的积极性。

（3）目标人群覆盖率=预计可接触人群数/整体目标人群数

整体目标人群数的预估，其实是整体市场容量的预估，预估方法可以参考市场容量的计算。预计可接触人群数则是根据对样本对象的流量数据和转化数据进行测量后，设立的一个参考数据。

如：某样板门店门前的日人流量是10000人次，进店咨询人数100人，实际成交人数23人。就有两种方法计算目标人群覆盖率指标：

目标人群覆盖率=预计可接触人群数/整体目标人群数=100/10000=1%，将之称为浅目标人群覆盖率。

目标人群覆盖率=预计可接触人群数/整体目标人群数=23/100=23%，将之称为深目标人群覆盖率。

（4）推广转化率=推广购买人数/实际到达的推广人数

推广转化率和目标人群覆盖率的主要区别是：推广转化率的人数和到达人数统计都是基于活动的统计结果，而目标人群覆盖率是基于正常销售的统计结果。

如：某样板门店门前的日人流量是10000人次，进店咨询人数100人，实际成交人数23人，在某次活动当日，进店咨询人数为350人，实际成交人数为133人，请确认推广转化率。

推广转化率=推广购买人数/实际到达的推广人数=133/350=38%。

（5）推广利益点比较

利益推广点的比较，主要是新旧模式的比较，如携程在早期推广中，推广的产品和服务实际上是已经成熟的机票订票业务，但携程在介绍招商模式时，明确提出了新旧模式利益点的差异（如表4-3所示）。

表4-3 机票订票业务新旧模式的差异

新模式	旧模式
网络订票，足不出户	电话或前往代售点订票
一次订票，终生会员	订票后无法进行后续跟进

续表

新模式	旧模式
强大的地面推广人员，坐商（开店营业的商人）改行销	传统广告
消费行为分析，连带产品销售	无配套服务

图 4－2 更清楚地将招商系统中外扩系统的各类指标展示出来。

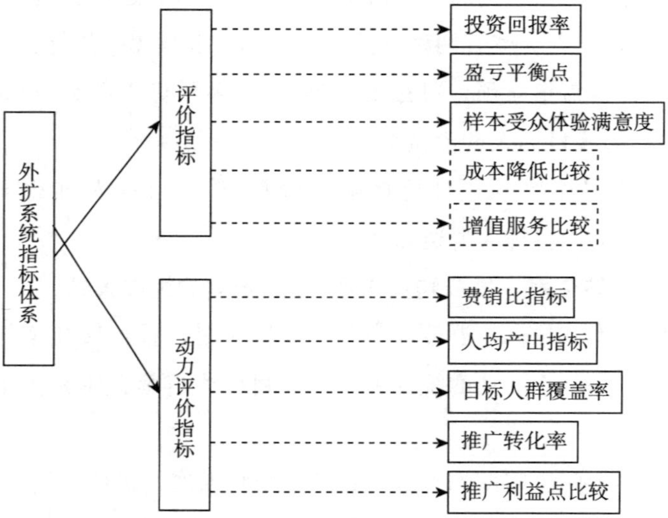

图 4－2　招商系统的外扩系统

第三节　招商系统的内控系统控制

德国为发动第二次世界大战准备了 12 年，在这漫长的准备时间里，战争狂魔不会是天天在家睡觉，而是在整备扩军、秣马厉兵，也就是从内部管理上整饬军队，为发动战争优化组织架构，提升军队士气。

其实，今天向市场要销量，希望开疆扩土，何尝不是一场外扩式的战争模式呢？而在进行一场外扩式的战争之前，是不是也要问问自己，是否已经具备了与外扩系统相对应的内控系统呢。

有很多人认为，内控系统和招商的关联不大，事实上这犯了一个本末倒置的错误，没有好的内控系统展示给招商对象，就像一个缺乏修养的美女，美若天仙却满嘴跑火车。对于一个企业，在内控系统的管理上，最重要的只有两个部分，一是组织架构，二是薪酬激励，这两部分做好了，内控系统的骨架就算基本搭建完成了。

一、组织架构

为什么说组织架构是内控系统重要部分？一个人愿意留在一个企业，不外乎三个原因：一是钱、一是平台、一是混日子。在扩张初期，钱总是不够，用钱换来的忠诚终究不会持久，许诺高薪的扩张企业，不是钱多人傻，就是真傻。混日子的人，自然是企业要尽快淘汰掉的人，那剩下来就是希望借助平台的人。让留在企业的人心怀梦想、有持续发展的空间，这才是设置组织架构的根本原因。第一，组织架构是给那些留在企业、希望持续发展的人看；第二，组织架构是给那些未来要和企业合作的招商对象看。如果企业的组织架构层级短，一眼就能看到董事长（如图 4－3 所示），对于一个员工来说，他又会有什么动力继续留在企业呢。

有人说，组织架构这个东西是虚的，是官僚主义作风，形式主义，只适合大企业，不适合小企业，照这样整，只是自寻死路。这正是很多中小企业不愿改变组织架构的第一借口。

其实，组织架构既然是给留在企业里的员工看的，理所当然是个将来式，做一个三年、五年的组织架构，是要让员工看到企业的发展、个人的发展，架构出来后，不是第一时间就在各个岗位填满各色人等，如果这样，就失去了组织架构最重要意义了。相反，应该根据现实情况，将现有人员填充在这个组织架构对应的岗位，而对于空缺的岗位，可以分三种情况进行调整：

当年业务拓展中必需的岗位，且需要专人负责的，可以进行内外部招聘。

当年业务拓展中某些辅助岗位，可以让现有人员进行兼任。

当年业务拓展中可能涉及不到的岗位，可以暂时空缺。

然后依据这个原则，对三年的组织规划做一个总体的设计，再按年份调整和补充每个岗位的人员。以某企业设计的下辖事业部三年组织架构图为例，进行演示，如图 4 –3、图 4 –4 和图 4 –5 所示。

备注：灰色部分为当年必须配备的组织人员，标准（兼）字样的岗位，可以由其他岗位的人进行兼任，虚线部分为集团共享平台。

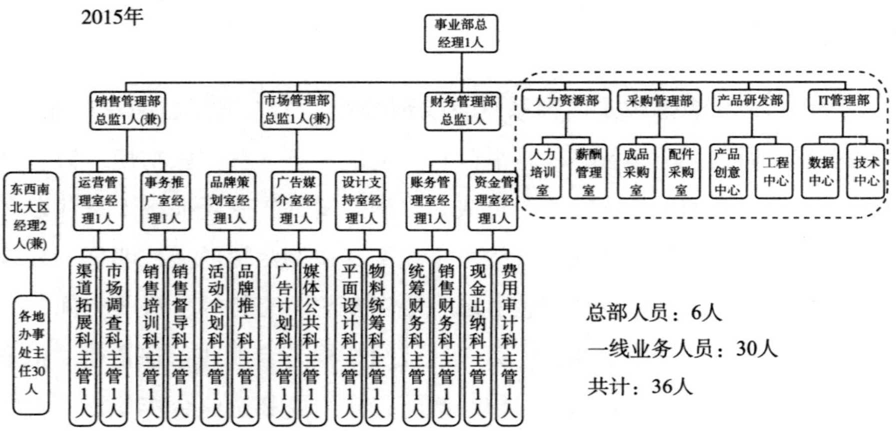

图 4 –3　2015 年组织架构图

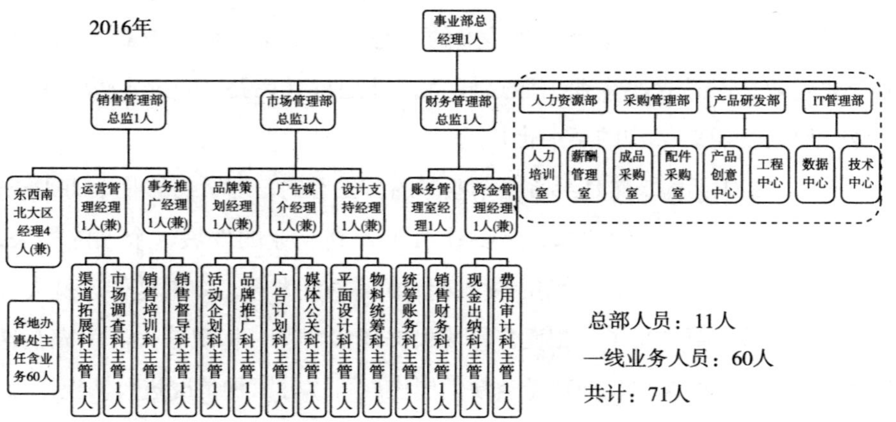

图 4 –4　2016 年组织架构图

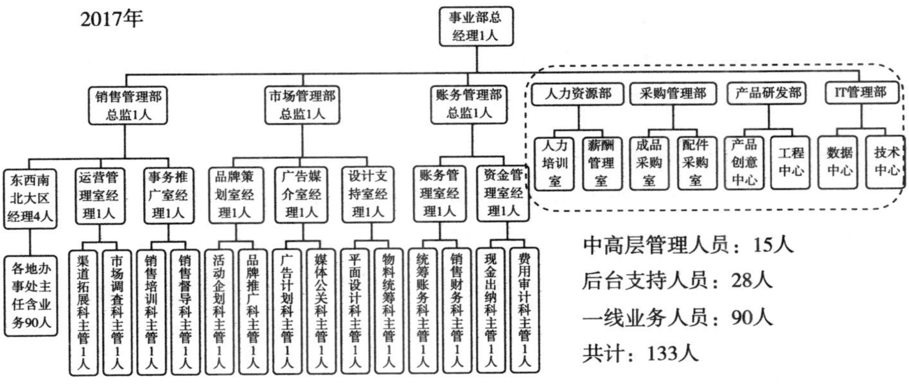

图 4－5　2017 组织架构图

当然，做好组织架构图后，对应做好每个岗位的岗位职责是必须的，其实某些岗位职责，即使目前的人力水平还达不到这个标准，也应该写进去，这既是岗位职责的要求，也是对现有人员技能储备提出的要求。

二、薪酬激励

相较于组织架构，薪酬激励对于企业招商来说会更私密一些，也一般不会呈现给招商对象，但又是企业组建、招商、发展不可或缺的部分。

队伍建好了，要让队伍高效地运转起来，除了外在市场的发展空间能让每个人都有企业发展的成就感，还需要建立一套内部行之有效的激励机制，让人员保持持久的激情和战斗力，正如“汽车要加油，我要喝红牛”一样，没有动因的市场拓展是一场一哄而上的闹剧。

接下来企业的困惑就来了，希望给员工激励，但是更需要他们有相应的付出，所以在激励的对立面，就有一个考核问题，很多企业在考核上贪大求全，恨不得员工上班发呆的次数也要考核在内，能量化的要考核，不能量化的也要考核；今年希望做的事要考核，明年希望做的事也要考核，结果是考核的指标越来越多，考核的效果越来越差，员工拿的钱越来越少，士气越来越低，市场也就越来越差。

那么，在薪酬激励上，到底要建立怎样的考核机制，才能真正地让企业这套马车高效地转动起来呢。

如果将员工的收入分为底薪、提成、奖金、扣罚等有形收入，晋升、嘉奖等无形收入，在考核上采用“3件事原则”将员工考核的事项进行分类，就自然而然成了对应岗位的工作职责。这3件事就是常说的“必须干的事、禁止干的事、希望多承担的事”。以销售人员的考核为例，如表4－4所示。

表4－4 销售人员的考核

必须干的事	必须干的事中可以量化的事	禁止干的事	希望多承担的事
底薪	奖金＋提成	扣罚	晋升、嘉奖
1. 完成销售任务 2. 完成下达的开发客户数量 3. 进行定期客户拜访 4. 完成区域客户营销谈判和推广 5. 完成企业月度回款目标 6. 为达成销售目标，与公司相关部门进行协调 7. 处理和对接区域市场突发事件 8. 遵守公司各项规章制度 9. 注意自身言谈举止，树立良好的公司形象 10. 完成公司领导交办的临时工作	1. 销售完成率＝销售额/销售目标 2. 新客户开发数 3. 客户拜访率＝客户拜访次数/目标拜访次数 4. 区域推广达成率＝实际推广次数/目标推广次数 5. 销售回款率＝实际回款/目标回款	1. 资料管理不善，导致信息泄漏 2. 转移公司业务的炒单行为 3. 接受相关利益公司的回扣和好处 4. 散布不利于公司言论，扰乱公司正常的经营秩序 5. 在公司任职期间，在其他公司兼职获取不正当利益	1. 培养两名业务人员晋升为主管 2. 根据公司战略提出所在区域的营销计划 3. 完成市场调研，制订预防和修正措施达成计划 4. 制订区域的培训计划 5. 制订区域的推广计划和产品开发计划 6. 控制年度的区域费用

从表4－4中可以看出，将员工“必须要做的事”对应底薪考核部分，其中可以量化的指标则列入奖金和提成的考核部分。另一方面“希望员工做的事”对应员工晋升和嘉奖的标准，“禁止员工做的事”则成为对员工的扣罚标准。

第四节　打造企业的“哥曼德”部队

“哥曼德”一词来源于英国军队在1899年到1902年爆发的“布尔战争”中，对布尔人突击部队的总称。二战时期，英国政府为抵御德国军队的疯狂进攻，提振国民士气、袭扰德国部队而组建了世界上第一支特种部队，并以“哥曼德”命名，主要担负开辟新战场、打破战争僵局、实行战略偷袭等职责。

打造企业的“哥曼德”部队则是负责破局、为企业生存打响第一枪的队伍，和后面要提到的“特种兵队伍”的差别在于，哥曼德部队负责的是为企业构建新客户，即第一次招商；“特种兵队伍”主要负责对问题市场的整改和调整，虽然某些时候也是以客户开发为主要工作内容。

正是因为两者存在差别，对招商队伍的考核和管理，与对整改队伍的考核和管理在量化指标上，也会存在着一定的差异。这是人力资源管理中常说的一句话：考核在哪，心就在哪！

目前招商虽然分为线下和线上，但线上招商主要指网络推广和各类通信工具的跟进，最终的落实环节仍然需要大量跟进，也就是说，招商的成败与否，最后仍然取决于线下人员的管理。而所谓的线上招商只是一个渠道和形式，和线下招商涉及的会议招商、客户集中拜访招商其实是一回事。

接下来，主要介绍在招商计划中用到的两种形式：会议招商和客户集中拜访招商。

一、会议招商的考核指标

会议招商通常分为三个部分：会前、会中、会后，每个阶段都会设立一些指标，对招商人员的工作效果进行考核，以跟进会议的目标（如表4－5所示）。

表4－5　会议招商的考核指标

会前	会中	会后
参会客户人均最低拜访量 邀请函最低邀约量 最低电话跟踪量 最低短信跟踪量 客户信息完整率 确认到会人数 标准客户确认到会人数	标准客户实际到会率 标准客户中途离场率 标准客户实际签约率 标准客户订金落订率 标准客户空订率 标准客户全额订单率 现场销售额达成率	标准客户数量达成率 复访成功率 会后落单比率 复单率 订金落空率 客户转介绍率 招商销售额完成率

（一）指标的分解逻辑

从目标来倒推指标是常用的指标设定方法，在会议管理上同样适用。有人认为招商目标可以分为销售额目标和客户目标，实际上这存在一定的误解。所有的会议招商一定是以销售额为指标，而绝不能以客户数量作为招商目标，这包含了两层含义：

第一，客户目标如果不能承载销售额，这样的客户是无效客户，这是为什么对客户的资格认定会有标准客户的说法，而标准客户就是能够承载销售指标客户的另一种说法。

第二，是不是标准客户签约了就万事大吉啦？显然，客户的10000个承诺不如真金白银的100元消费，会议招商最重要目的就是通过制造特定的“场”，用仪式感来帮助标准客户做决定。收到现金才是招商的唯一目的，这是为什么招商会议上，一定要通过打折、承诺效果、收取订金等方式收到现金的原因。做招商的人都知道，没有现金收益的招商一定是一场失败的招商。

既然现金也就是销售额才是招商会议管控的唯一标准，在指标设置上的逻辑自然就遵循这样的标准，以收取500万元现金为例演示招商会议的指标划定，具体如图 4 –6 所示。

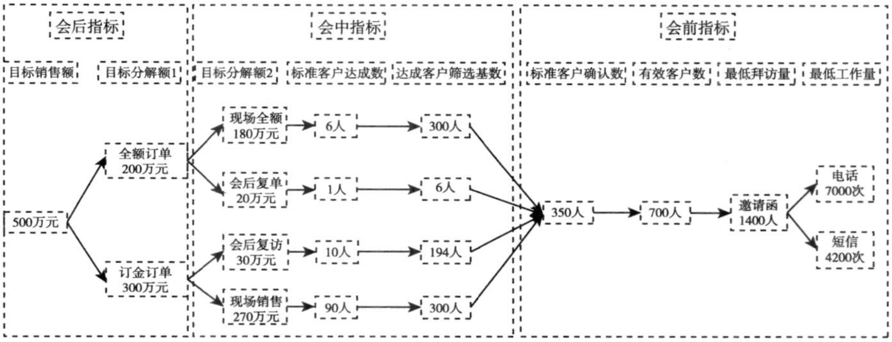

图 4 –6　招商会议的指标划定

（二）经验数据分解

（1）会议招商销售额中，全额订单和订金订单的分配比例应该是 2∶3。

（2）现场全额订单概率为 2%，现场订金订单概率为 30%。

（3）全额订单的复单概率为 16%，复访订金订单概率为 5%。

（4）标准客户实际到会率不会超过 85%，符合条件的标准客户在筛选客户中不会超过 50%。

（5）进入会议阶段确认的有效客户不会超过 50%，3 次以上的短信、7 次以上的电话是确认一个有效客户的最低工作量。

二、集中拜访招商

招商常用的另一种方法是集中拜访、一对一招商，这对直接参与的销售人员的谈判能力和推销能力要求比较高。相较于会议招商，这种招商方式的可控性更小，关键点分散，对于结果的控制也相对差一些。

那么对于这种分散型的招商活动，销售管理和计划人员如何确保招商效果，除了严明的纪律来提高执行力外，实际上更多是在指标上想办法——通过控制过程来控制结果。

一般来说，集中拜访招商分三个步骤：拜访培训、拜访执行、拜访跟进。目前大多数企业都是将拜访执行作为集中拜访招商的重点，计划的着重点也落在拜访的执行过程。做得比较好的企业会将拜访培训与拜访执行落实的比较彻底，效果也比只重视拜访执行的企业好。但大多数企业都不会将拜访跟进作为集中拜访招商的有机部分综合考虑，最后只落得头痛医头、脚痛医脚的毛病。

有数据显示，在有效准备和合理助销的支持下，一对一陌生谈判一次性成功的概率不会超过 10%，而后续的拜访则可以将这个指标提高到 30% ~50%，这是将拜访跟进作为整个拜访招商有机环节的主要理论依据。集中拜访招商计划主要考核指标如图 4 –6 所示。

表 4 –6　集中拜访招商计划主要考核指标

拜访培训	拜访执行	拜访跟进
培训出勤率 培训合格率 关键问答（动作）优良率 基础资料完善比例	总拜访量 日均拜访量 客户资料合格率 拜访成功率 信息汇总及时率 早操出勤率 首批订单均值 客户数量拜访达标率 销售总额完成率	潜在客户复访率 复访成功率 复访订单均值 客户资料复访合格率

要顺利做好集中拜访招商的计划，需要两类数据做支撑：一类是统计数据，这是将计划分解的理论依据，如上表提到的公式部分；一类是经验数据，它负责为计划分解的理论依据提供参数支持，如日均拜访量的设定，就是依靠 10% 的拜访成功率来确定每个人的拜访量。

在指标分类上，将指标分为与销售结果紧密相关的直接指标，如销售总额完成率；控制过程的辅助指标，如客户资料合格率。

例如，要开展一场 20 人参加、为期 10 天、销售目标为 100 万元的集中拜访招商，按均摊原则每人每天销售目标5000元，如果开发一个客户的首批订单均值为2500元的话，则每人每天必须成功开发2个客户，而如果要成功开发两个客户，按10%的拜访成功率来算，每人每天必须拜访的客户是20个。在这里与销售目标直接相关的总拜访量、日均拜访量、首批订单均值、拜访成功率、客户数量拜访达标率、销售总额完成率都是直接指标，而客户资料合格率、早操出勤率、信息汇总及时率等都成为招商计划的辅助指标，具体如表4-7所示。

表4-7　集中拜访招商的考核指标分类

辅助指标	直接指标
培训出勤率 培训合格率 关键问答（动作）优良率 基础资料完善比例 客户资料复访合格率 客户资料合格率 早操出勤率 信息汇总及时率	总拜访量 日均拜访量 拜访成功率 首批订单均值 客户数量拜访达标率 销售总额完成率 潜在客户复访率 复访成功率 复访订单均值

第五节　案例：软家装渠道门店招商计划

一、招商背景

目前照明行业主要的渠道模式有以下四大类：

1. 以照明经销商为核心的批发零售渠道

（1）厂家-省级代理（零售）-市县经销（零售）-乡镇零售—消费者

（2）厂家 – 省级运营中心…… – 消费者

2. 以相关建材经销商为核心的经销代销渠道

（1）厂家 – 百货 KA 及建材 KA – 消费者

（2）厂家 – 省市级五金代理 – 日杂百货（五金社区）店—消费者

3. 以终极用户为核心的直销渠道

（1）厂家 – 直营专卖店—消费者

（2）厂家 – 网购平台—消费者

（3）厂家 – 大宗采购的直接用户（工厂照明、商铺照明）

4. 以配套商为核心的隐形渠道

（1）厂家 – 大宗采购的间接用户（地产商、电梯商、货柜厂商等）– 最终用户

（2）厂家 – 专业人士 – （配套经销商） – 最终用户

从四大渠道类型来看，目前的照明渠道呈现以下几个特点：

（1）建材，尤其是照明品类经营的经销商是渠道重要资源。

（2）直销，就是以缩短渠道长度为目的的新型渠道不断被发掘。

（3）融合，以品类专卖为主要特征的传统门店在不断被弱化。

二、目标市场介绍

软家装渠道主要是指遍布在社区附近及布艺建材市场星罗棋布的窗帘门店和经销商，通过他们的销售场所配套销售布艺类灯具。

（一）目标产品核心优势

配套销售的布艺类灯具具有以下三个特征：

（1）结构具有可折叠、易拆卸等特点，便于家庭的自行安装。

（2）布艺灯罩具有易拆卸、易更换特点，并可以作为单独的品类进行销售。

（3）灯罩部分经销商亦可自行加工。

（二）目标消费者

目前全国共有各类小区预计 20 万个，按目前楼盘开发和销售的速度，每年新增楼盘 1.5～2 万个（每个楼盘按 500 户计算），新房和二手房潜在消费者按 15%，旧房按 5% 预测的话，（布艺）灯具安装的整体市场容量大约在 30 亿元，这些大量以社区门店为主要服务场所的消费者，每年在以 10% 的速度递增。他们在靠近社区的窗帘店订制购买窗帘和壁纸，并要求提供上门测量和安装服务，对窗帘的花色选择有明显的倾向性，对家装效果的配套性和整体性有一定要求。

（三）目标渠道及终端

以地级市辖区以上城市为主要业务单位，以靠近小区的窗帘门店为主，以窗帘市场和一条街的窗帘门店为辅，作为主要的终端发展对象。以窗帘批发商为主要渠道成员，通过窗帘批发商辐射各窗帘门店。

（四）品牌布艺灯具在目标市场的核心价值

（1）实现贴近社区的一站式购买。

（2）解决与窗帘等布艺软装材料的花纹和风格配套。

（3）不增加经营成本，充分利用终端的现有资源。

（4）创新式灯具结构，新的灯具安装理念，为消费者带来更多选择。

（5）先发优势，窗帘门店的店招和终端推广展示竞争不大。

三、运营方式

通过窗帘批发商辐射社区窗帘门店和市场门店，按渠道批发顺加利润 30%，终端零售顺加利润 100% 的阶梯进行定价，如图 4－7 所示。

图 4 －7　某窗帘批发商阶梯定价

批发商职责：协助厂家网络拓展、新品上样的二次发货、部分零配件的仓储备货、转单打款即下线订单管理、协助解决区域的突发状况。

零售商职责：推荐配套灯具产品、收款系统下单、配合企业各类终端活动。

渠道架构：

厂家与窗帘批发商形成直接的贸易关系。

批发交易方式一：窗帘批发商通过官网 www. idto. com. cn 进入经销商进货系统下订单，可选择网上银行转账或汇款方式由财务审核确认订单生成，后台安排发货，如图 4 －8 所示。

图 4 －8　直接贸易关系

批发交易方式二：窗帘批发商向公司备案特定旺旺号，进入阿里巴巴批发平台 http：//shop1387212934180. 1688. com/，根据确认的旺旺对应的经销等级，由客服进行后台改价，直接在线上完成交易和支付。渠道层级和角色如图 4 －9 所示。

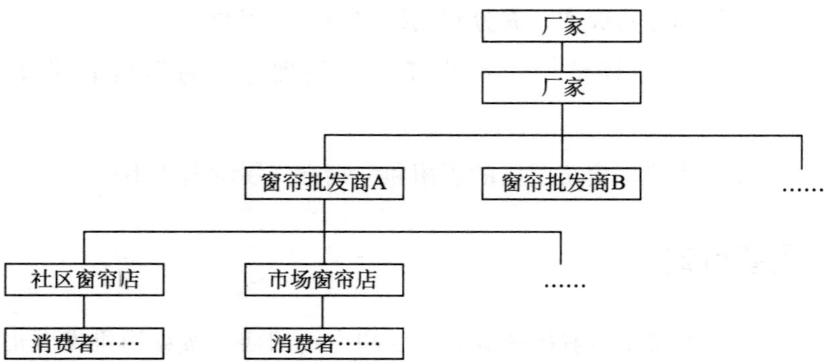

图 4 －9　渠道层级和角色

零售交易方式一：通过层级批发到门店，消费者和门店进行一对一的零售交易。

零售交易方式二：消费者通过扫描店内的“社区商品二维码”，进入天猫零售店 idto. tmall. com 进行线上零售交易和比较，原则上指导进行线下交易。

窗帘门店的核心价值（最后 1 公里）：

（1）提供上门安装服务。

（2）完全订制式加工布艺灯罩的外套。

（3）能够提供成套销售的建议。

四、整体市场拓展方式和进度

第一批开发城市：安徽、河南、江西、湖南、湖北。

第二批开发城市：山东、陕西、四川、重庆、天津。

第三批开发城市：江苏、浙江、福建。

第四批开发城市：北京、上海、广东。

第五批开发城市：辽宁、河北、云南、广西、山西。

第六批开发城市：贵州、黑龙江、吉林。

（一）开发步骤

渠道拓展以集中作业的形式从中部城市（安徽、河南、江西、湖南、湖北）的市辖区开始，摸排出市一级的窗帘批发商，开发成布艺灯具的经销商。

利用或组织窗帘批发商的下线开展会议营销，将窗帘批发商的下线（尤其是社区门店）转化成“×××照明软家装社区（零售）店”。

以每人管辖 3 ~6 个地级市的形式，做好以下两方面工作：

（1）协助窗帘批发商做好已有下线的店面陈列和上样工作。

（2）独立或配合经销商人员开发新的社区窗帘门店。

（二）政策支持

（1）支持会议推广的会议费10000元/场＝(针对窗帘批发商)。

（2）提供免费的2000元样品包（针对缴纳2000元市场诚意金的零售商)。

（3）提供1000元门头装修补贴（针对零售店)。

（4）提供产品安装的门店视频。

（5）提供产品图册（含二维码）和展示架。

（6）提供人员协助窗帘批发商开发下线。

（三）人员组成

（1）网络招聘（窗帘行业销售人员、大中专应届毕业生)。

（2）熟人介绍（照明行业人员)。

（3）内部调整（公司人员)。

（四）人员激励

（1）基本工资＋差旅报销＋话费补贴＋提成。

（2）布艺灯具：2000元＋2000元＋200元＋6%。

（3）非布艺灯具：5%。

（4）人均年度任务100万元。

提成以实际回款为准，一个季度发放当季度提成的50%，剩余50%累积到年底一次性发放。

（五）推广方式

（1）视频介绍和展示（结构优势)。

（2）社区二维码展示架（价格参照)。

（3）布艺样品图册（花色优势)。

（4）×××照明社区店店招。

（5）会议营销补贴。

（6）小区推广支持。

社区和窗帘门店进行一一对应，一个社区开发一个窗帘终端。

五、招募对象要求（零售商）

（1）不低于10平方米经营面积的靠近社区的窗帘店。

（2）愿意配合公司进行产品展示要求。

（3）有根据消费者需求进行缝制和再加工能力的窗帘门店。

（4）愿意缴纳2000元市场合作诚意金（合作终结后全额返回）的门店。

六、未来的投资总额和收益预期（零售商）

零售商未来的投资总额和收益预期如表4－8所示。

表4－8　收益预期

<table>
<tr><th rowspan="2">阶段</th><th rowspan="2">时间</th><th rowspan="2">经营预测</th><th rowspan="2">预测营业额</th><th colspan="4">预计费用（分摊）</th><th rowspan="2">预计盈利</th></tr>
<tr><th>人员</th><th>水电</th><th>铺租</th><th>推广</th></tr>
<tr><td>导入期</td><td>3个月</td><td>全天客流量10人次，1%的购买率，人均消费额1000元，月均营业额约3000元/月</td><td>0.9万元</td><td colspan="4">900元</td><td>2万元</td></tr>
<tr><td>成长期</td><td>6个月</td><td>全天客流量15人次，1.5%的购买率，人均消费额1000元，月均营业额约6750元/月</td><td>4.05万元</td><td colspan="4">3240元</td><td>6.9万元</td></tr>
<tr><td>成熟期</td><td>12月</td><td>全天客流量20人次，2%的购买率，人均消费额1000元，月均营业额约12000元/月</td><td>14.4万元</td><td colspan="4">7200元</td><td>41.3万元</td></tr>
</table>

备注：2000元市场合作诚意金，合作终结后全额返回。

七、可能存在的风险及应对措施

（1）布艺材质的灯具，在防火防电上，达到国家的 3C 标准吗？

答：略

（2）做窗帘的，不太懂灯具产品的销售，会不会风险太高？

答：略

第五章

销售计划是整个营销计划的重点

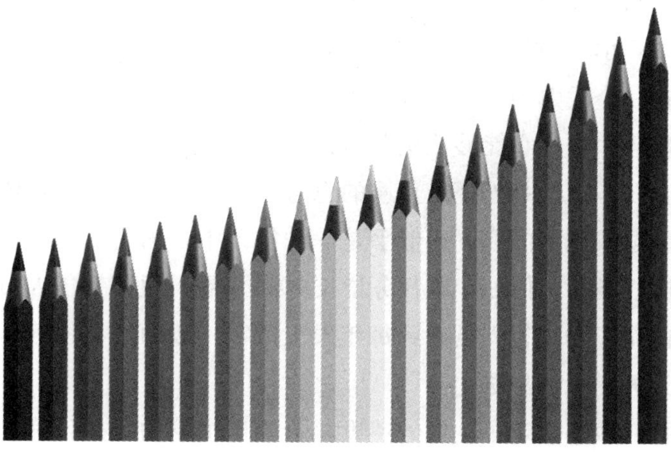

《大话西游之大圣娶亲》，紫霞仙子临死前曾有一段精彩的独白：我的意中人是一个大英雄，有一天他会驾着七彩祥云来迎娶我，我猜中了开头，但是，我猜不中这结局。销售计划的执行在某种程度上就如这“猜得中开头猜不中结局”的表白，瞬息万变的市场会随时打乱计划的执行，如果计划的设置没有一定的弹性，结局，谁又能猜得到？

任何公司的部门里，只有销售部门能称为利润中心，其他部门都只能称为成本中心，销售计划的好坏，决定了企业是否有持续造血的能力，也就是所谓的驱动力。销售计划的来源要么是市场增长的真实反映，要么是企业一厢情愿的企图。对于销售人员，当然希望销售计划是市场增长的真实反映；对于企业，则更希望是某种战略意图的实现。当然，这里不是批评企业的企图心，相反，企图心在某种程度上能够最大限度地激发组织的潜能，帮助企业实现一个个“不可能”的飞跃。对于领头羊型的企业，更加需要这种企图心。

但是在一个成熟的市场，合理的销售计划对于企业更为重要，它反映了企业的成熟水平，它能够让企业在稳健发展过程中，还有时间去检视自身、完善自我，这也是外企最普遍的思考方式。国内企业喜欢依靠发展速度来解决问题或掩盖问题，这似乎是一种符合中国国情的选择。外企在国内布置年度任务时，假如年度任务增长 10% 左右，很多销售人员会窃喜不已，而国内企业的销售人员看到每年天文数字一般的增长任务，多少都会有些干一天算一天的想法。

发动机的效率决定了企业的速度，不论这个发动机是正确保养还是不断更换零件。

第一节　销售计划从何而来

既然是研究数据实行对计划的控制，自然会摒弃讨论依靠企业企图心这种定任务的方法，剩下来的，自然就是通过数据反映市场自身增长节奏的方法了。

每年定多少任务合适。如果凭感觉定任务，这是一个永远都扯不清的话题。2014 年“双十一”，天猫销量突破 2013 年 350 亿元的时候，就有人用各种方法预估“双十一”会是多少亿元。有人用日均交易额推算，预计是 574 亿元；有人用趋势值推算，预计是 598 亿元；也有人根据实时交易数据推算，预计是 622 亿元。虽然“公说公有理，婆说婆有理”，但也达成了基本共识，2014 年天猫整体销量在 574 亿元～622 亿元之间（备注：2014 年，天猫、淘宝“双十一”最后公布的销售额为 571 亿元）。这是典型的参考历史数据进行推算的例子，也是年度销售计划中常用的方法，是销售目标基础数据的来源。

如何确定年度销售计划？

第一种方法：复合增长率法。

比如，根据公司 2009－2014 年近 6 年的销售数据（如表 5－1 所示），预计 2015 年的销售目标。

表 5－1　2009－2014 年的销售数据

年份	销售额（万元）
2009 年	245049
2010 年	304561
2011 年	368529
2012 年	393224
2013 年	437875
2014 年	454376

公司年度销售复合增长率 =（末期销售额/初期销售额）$^{1/N}$ －1 =（454376 ÷245049）$^{1/6}$ －1 =1.1084 －1 =0.1084 =10.84%

根据近 6 年的年度复合增长率，预估 2015 年销售目标控制在 454376 × 1.1084 =503630 万元为宜。

第二种方法：用趋势线直接估值法。

预设销售增长属于线性相关的关系，那么采用一元二次方程的方法，即可预测 2015 年公司的整体销售目标应该是多少。

当然，如果采用统计学里的一元二次方程的设立方法，这个过程会稍显复杂，但是，如果充分利用 Excel 图表功能中自带的趋势线功能，这个计算结果就会变得相当简单。

同样采用上述 2009 – 2014 年 6 月的数据进行分析和预测，根据趋势线自动换算出预测公式 $y=-5220.1X^2+78577X+171421$，带入 $X=7$，推算第 7 年，也就是 2015 年销售目标应该设为 465675 万元（如图 5 – 1 所示）。

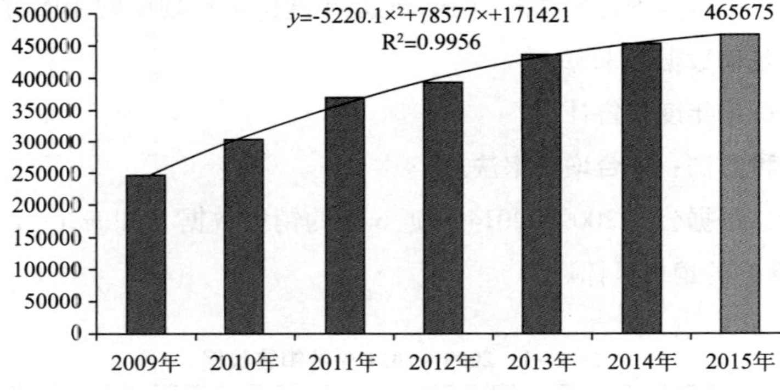

图 5 – 1　某公司 2015 年销售额预测

提示：在趋势线选项中，注意选定多项式，并将趋势预测前推 1 个周期，勾选“显示公式”和“显示 R 平方值”，将 $X=7$ 带入公式，即可得出目标值。这属于 EXCEL 部分教程内容，这里就不再过多赘述。

第三种方法：近期优先法。

2013 年到 2014 年，整体销售增长为 3.77%，根据近期优先的原则，2015 年销售增长应该以这个数据为优先考虑因素，在市场大环境未曾好转的前提下，2015 年销售增长预估不宜超过 5%。也就是 2015 年整体销售额为 $454376\times105\%=477094$ 万元

最终销售目标建议在这三个数据里进行选择，或者取其平均数，总体

销售目标控制在465675万元~503630万元。

总目标出来后，如何分配到各个区域，这也是一个令人头疼的问题，通常采用的方式是用区域社商比和历史销售占比两个数据平均后，再根据企业实际情况进行微调。

社商比 = 区域的社会商品零售总额/全国社会商品零售总额

销售额占比 = 区域销售额/全国销售总额

社会商品零售总额可以在国家统计网上查询，它对以零售型为主导的企业尤其有效。在实际应用中，社商比反映的是区域市场增长的潜力空间，销售额占反映的是区域市场的销售基础，充分考虑两者的因素，取两者平均值，2015年区域市场的销售占比也就基本成型（如表5－2所示）。

表5－2　2015年区域市场的销售比

辖区名称	全国社商比	上年度销售占比	2015年度销售占比	辖区名称	全国社商比	上年度销售占比	2015年度销售占比
湖南	3.71%	6.29%	5.00%	宁夏	0.26%	0.17%	0.22%
福建	3.38%	5.54%	4.46%	四川	4.35%	4.23%	4.29%
江西	1.88%	3.34%	2.61%	山西	2.12%	1.74%	1.93%
贵州	0.94%	2.22%	1.58%	河南	5.09%	4.68%	4.89%
重庆	1.85%	3.00%	2.43%	黑龙江	2.57%	2.14%	2.36%
安徽	2.66%	3.80%	3.23%	广西	2.11%	1.47%	1.79%
陕西	2.04%	3.11%	2.58%	广东	11.24%	10.42%	10.83%
上海	3.91%	4.87%	4.39%	浙江	6.52%	5.47%	6.00%
河北	4.13%	5.10%	4.62%	吉林	2.23%	1.01%	1.62%
天津	1.84%	2.59%	2.22%	湖北	4.36%	3.07%	3.72%
海南	0.40%	1.09%	0.75%	内蒙古	2.14%	0.78%	1.46%
甘肃	1.19%	1.72%	1.46%	山东	9.33%	7.78%	8.56%
云南	1.55%	1.63%	1.59%	辽宁	4.39%	2.48%	3.44%
江苏	8.67%	8.66%	8.67%	北京	4.01%	0.64%	2.33%
新疆	1.03%	0.95%	0.99%	合计	100%	100%	100%

需要强调的是，在很多公司，区域经理在分配年度任务时，都希望将自己的任务分少一点，给别人的任务多一点，所以在接受任务时，会过多强调销售的困难。对此通常采用的方式是，每年对驻外的组织架构都进行一定的调整，而这种调整，只在来年任务分配完毕后，才会正式进行公布。由于驻外机构的调整，各个区域的人员都会进行较大的轮换，基于这个原因，驻外人员在接受现辖区域的来年任务时，也就显得比较理智和客观，这就是管理学上提到的不要违背人性和顺应人性的原则。

第二节　当计划赶不上变化，销售计划的调整重点在哪里

销售计划除了销售目标的制订、销售任务的分解外，自然还包括销售资源和销售支持，资源包括人、财、物，同时也包括渠道分布、推广的形式和场次、促销的节点和方式等。依据年度任务将资源和支持进行有计划的投放，但是人算不如天算，计划赶不上变化，无论是突遭媒体意外曝光的打击，还是遇上如2008年经济环境的急剧恶化，抑或主要竞争对手突施冷箭，这些都会将已经制订好的计划和战略完全打乱。是听天由命，还是调整计划？很多人都会选后者。销售开始进入执行阶段后，如果需要调整，调整的依据和原则是什么，如何调，先调什么，是不是也有一套相对成熟的思考路径呢。

三军未动，粮草先行，所有计划（无论是资源还是支持）的调整，都会回到费用的调整上来，控制好了费用，在某种程度上，至少在计划的实施上成功了50%。成熟的企业在计划控制和调整上有一套比较成熟的套路，大致分为以下四步：

第一步：尽可能将计划的指标分解到每一个不可再分的单位上。

第二步：将月度或者季度的费用与上月实际销售回款进行捆绑，按销售回款的实际额度按比例进行发放。

第三步：以月度或季度为单位，监控销售的执行情况，设置一个整改预警线（通常用销售完成率的80%为分界点，各个企业可以根据自己的情况进行调整），对连续3个月达不到警戒线的区域或个人，列入计划的修正和调整对象。

第四步：对调整对象执行调整时，要坚持以下三原则：先调整考核的指标，再调整考核的目标、先调整定量指标，再调整定性指标、先调整资源投放的节点，再调整费用的总额。

接下来，以某区域上半年度计划完成情况，对下半年度计划调整进行详细的说明。

案例如下所示，上半年度某区域销售完成88.34%，每月按上月销售额3%作为费用控制，上半年实际发生和预计费用58万元。由于公司整改预警线为90%，该区域被纳入下半年度整改对象。

原计划投入的77.2万元将重新进行分配，按照计划调整的三原则：总销售目标不变，仍是4334万元，下半年实际销售任务2655+186=2841万元。由于销售未达标属于区域的个别现象，故需要在确保持续提升知名度的基础上（确保广告投放费用），适当降低终端促销费用与龙居场次的考核，通过开发和整改网点直接提升销量的方法，弥补可能形成的销售缺口496万元（该区域上半年度未达到企业销售目标，已经形成了销售缺口186万元。按上月销售额3%的市场费用支出，共支出费用58万元。下半年按88.34%的完成率计算的话，仍将产生310万元的缺口，两者合计形成496万元的销售缺口），具体如表5-3所示。

表5-3 某区域上半年度销售计划完成情况（单位：万元）

	1-2月	3月	4月	5月	6月	合计	7-12月
目标	508.54	261.32	287.57	273.11	271.37	1601.91	2655

续表

	1－2月	3月	4月	5月	6月	合计	7－12月
销售	344.09	249.62	273.57	171.76	368.15	1415.72	/
完成率	67.66%	95.52%	95.13%	62.89%	135.66%	88.34%	/
市场费用	18.2	15.2	7.8	8.6	8.2	58	77.2
市场广告	/	/	/	/	/	/	11
门头店招	/	/	/	/	/	/	4
户外广告	/	/	/	/	/	/	11
卖场吊旗	/	/	/	/	/	/	3.5
续签广告	/	/	/	/	/	/	6
终端促销	/	/	/	/	/	/	10
渠道促销	/	/	/	/	/	/	12
导购奖励	/	/	/	/	/	/	8
龙居推广	/	/	/	/	/	/	11.7

将工作事项分为原计划工作和新增工作，原计划工作略做调整后，按上半年88.34%达成率，预计下半年完成2346万元的销售，通过新增工作网点开发（专卖店21家×4万元/月×6个月＝504万元、分销商51家×1万元/月×5个月＝255万元），整改网点（专卖店7家×新增6万元＝42万元，分销商7家新增×2万元＝14万元），取缔网点（减少专卖店，损失13家×2万元×6个月＝156万元）等手段，预计实现659万元的销售。故下半年销售目标调整为3005万元。具体如5－4所示。

表5－4　某区域下半年度销售目标（单位：万元）

	科目	费用合计（万元）	数量及次数	实现销量
原计划工作	市场广告	11	22块	2346万元
	门头店招	4	50块	
	户外广告	11	2块	
	卖场吊旗	3.5	70000张	

续表

	科目	费用合计（万元）	数量及次数	实现销量
原计划工作	续签广告	6	12 份	2346 万元
	终端促销	5	1 次	
	渠道促销	12	1 次	
	导购奖励	8	2 次	
	龙居推广	9.7	65 场	
新增工作	新增网点	6	72 家	759 万元
	取缔网点	/	13 家	-156 万元
	整改网点	1	14 家	56 万元
合计		77.2	/	3005 万元

由于销售目标和费用投入方式发生变化，针对原计划的考核指标也将发生相应变化，原终端促销费用使用率考核对应下调 50% 以下，龙居推广场次达成率下调到 83% 以下。广告投放、网点调整等基础性工作，时间越早，效果越好，两大类工作完成不宜超过 9 月 1 日的行业销售旺季，终端促销、渠道促销、导购奖励及龙居推广按年度计划照常执行。

第三节　销售计划常用的三个数字工具

销售计划的工具有很多，属于定性还是定量，或定性与定量两者结合的类型，本身没有太多孰优孰劣之分。在工具的采纳和使用标准上，一是根据使用的习惯，二是根据使用的需要，其目的都是为了更好地展现销售计划。接下来要介绍的三个工具，有一个共同的特征就是偏向于数字量化，因为使用的误区，它们有的曾经沦为定性分析工具；因为推广的误区，有的在销售计划的使用中较少提到。

一、SWOT 分析工具

对于 SWOT 分析工具，使用在销售计划中还是很多的，只是大多数时候都被当作纯粹的定性分析工具。优势与劣势、机会与威胁通过文字的方式在四个象限中进行陈列，一般容易犯的错误有两类：要么对内部问题与外部问题的区分和分类不清；要么对问题的难度缺乏合适的量化手段。这导致 SWOT 分析工具在某种程度上只是帮助计划者理清了思路，而无助于问题的解决。

对于第一类错误相对好解决，计划设计者在使用时只要牢牢记住，优势与劣势都要针对自身问题而展开，是主观行为的结果；机会与威胁是外部环境带来的，为客观条件所限制。最后形成利好消息（优势与机会）与利坏消息（劣势与威胁）。

对于第二类错误，通常采用的方式是“五分法”，对每一个列出来的项目，让参与这个项目或有关联的人进行五分制的打分，并将这些得分汇总，形成最终的得分。最后将这些得分分为三层：对利好消息的最高得分项与利坏消息的最低得分项进行捆绑，组成了这个项目的最核心价值；将利好消息的最低得分项和利坏消息的最高得分项进行捆绑，组成了这个项目的最大风险；其他 SWOT 内容组成中间层，适当给予关注。仍以某项目为例进行说明，如表 5－5、表 5－6 所示。

表 5－5　某项目的优势与劣势对比

	优势				劣势			
	品牌基础	业务模式的新颖性	解决问题的价值	产品独特价值	非核心配件制造能力	业务基础	支持的软件系统	目标客户的销售能力
A	5	4	4	3	5	4	2	3
B	4	3	3	2	5	5	3	4

续表

	优势				劣势			
	品牌基础	业务模式的新颖性	解决问题的价值	产品独特价值	非核心配件制造能力	业务基础	支持的软件系统	目标客户的销售能力
C	4	4	3	3	4	4	2	3
D	3	3	2	2	4	5	4	4
E	5	3	4	3	5	5	4	4
……	……	……	……	……	……	……	……	……
得分	3.8	4.3	4.6	3.5	4.7	3.9	2.8	4.1

表 5-6　该项目的机会与威胁对比

	机会				威胁			
	业务模式的普及基础	配套行业的发展水平	竞争对手存在的问题	渠道商的利益需求	竞争对手的市场基础	行业销售的整体下滑	相关国家政策的影响	电商渠道的交叉影响
A	1	2	5	3	3	3	4	2
B	2	4	5	3	4	3	5	3
C	2	3	5	4	2	3	4	3
D	4	5	4	3	3	2	3	2
E	3	5	5	2	3	2	4	3
……	……	……	……	……	……	……	……	……
得分	2.2	3.7	4.5	3.4	4.2	3.8	4.8	2.3

通过统计，该项目的核心价值如下：

S：解决问题的价值

W：支持的软件系统

O：竞争对手存在的问题

T：电商渠道的交叉影响

该项目最大风险如下：

S：产品的独特价值

W：非核心配件的制造能力

O：业务模式的普及基础

T：相关国家政策影响

根据统计结果，SWOT 分析矩阵图如图 5－2 所示。

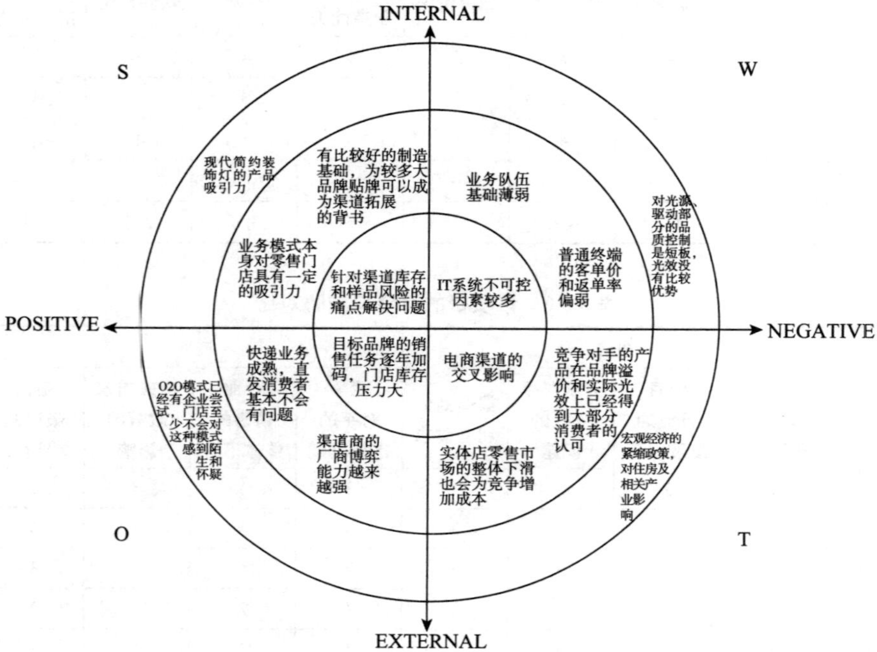

图 5－2　某项目 SWOT 分析矩阵图

二、鱼骨图分解工具

很多人运用鱼骨图的时候，更多地认为鱼骨图仅仅是一个战略目标分解工具。实际上，鱼骨图在发明之初，就是以量化分解为原型的一个基础工具，尤其是对销售目标和销售动作的分解作用明显。

以前面提到的销售计划调整的内容为基础，来看看鱼骨图是如何分解销售计划的。

某公司下半年原目标任务 2655 万元，因为上半年形成销售缺口 186 万元，故下半年整体销售目标调整为 2841 万元。通过销售整改项目的确认和销售计划的调整，形成了整体的下半年销售动作分解和销售任务分解，整体表达如图 5－3 所示。

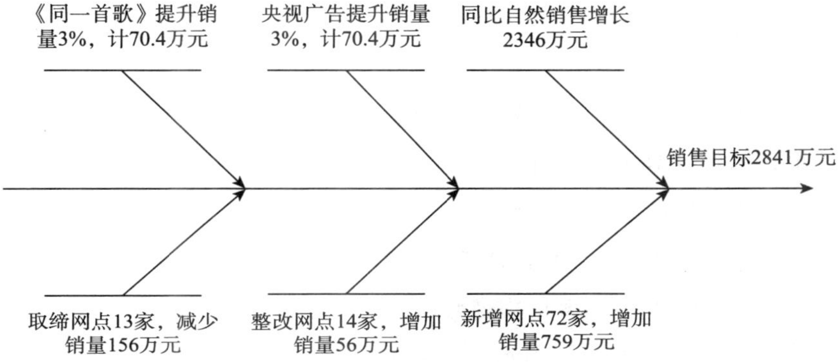

图 5－3　某公司下半年销售动作分解和销售任务分解

通过鱼骨图的方式，可以清晰地看到某区域要完成 2841 万元的下半年度的销售目标，分解出来的 6 个动作各自支撑了相对应的销量，是销售目标实现的重要保障。

三、4P 量化工具

做销售计划同样容易犯的错误是，在销售计划的制订中，对 4P（产品、价格、渠道、促销）的分析偏定性而少定量，多文字而少数据。虽然很多人知道，4P 分析是销售计划分析中必不可少的内容，但由于对数据不敏感，导致 4P 分析更多停留在表面。相对于销售计划的指标体系，4P 量化工具是主要的部分，对于这部分内容，将与后面提到的销售计划指标体系一并详述。

第四节　销售计划里的指标体系

正如我们知道的一样，销售计划会有很大的篇幅，介绍未来的渠道策略、产品策略、促销策略、价格策略等，这个章节仅从数字量化的角度，对销售计划指标体系进行简单的介绍。

一、渠道

在销售计划中，除了对渠道开拓和渠道设置进行有效陈述外，对渠道评估也是销售计划的重要组成部分，对渠道进行评估的量化指标数以百计，但常用的指标主要有以下三个：

渠道平均毛利率（基于渠道数量）=（渠道一毛利率 + 渠道二毛利率 +……+ 渠道 N 毛利率）/渠道数量 N

这是评估渠道整体盈利水平的重要指标，也是衡量渠道建设宽度的指标。

加权铺货率 = ∑渠道权重 × 门店权重 = 渠道一权重 × 门店一权重 + 渠道二权重 × 门店二权重 +……+ 渠道 N 权重 × 门店 N 权重

这是衡量渠道密度的重要指标，也是衡量企业市场份额的指标之一。

渠道商 N 的口袋价格 = 出厂价 × 渠道商一的顺加毛利率 × 渠道商二的顺加毛利率 ×……× 渠道商（N－1）的顺加毛利率

一般来说，N 越大，渠道层级越多，出厂价与渠道商的口袋价格差越大。从现在渠道层级的发展来说，渠道各个层级的利润水平会受到行业的限制，但大致渠道设置层级不会超过三级：省级、市级、县级。越大的平台利润越低、流量越大，省级渠道成熟品牌都不会超过 8%，市级渠道 10%，县级渠道往下走，尤其到乡镇，渠道利润就会变得比较高了，这反映了目前物流发展现状，也反映了渠道在县级以下市场的重要性。渠道商的口袋价格是反映渠道深度的重要指标。

二、产品

新产品总销量预测 =（T－1 期试用者数）× T 期重复购买率 × 人均购买量 + T 期试用者数 × 人均购买量

新品的销量预测需要一些基础数据进行配合，包括通过市场调研等方法获得的重复购买率、试用期使用人数等。举一个快消品的例子，对新产品总销量预测进行说明：

经过第一个月的试销期后，槟榔公司的新包装产品 A 进入全面推广期，为期 1 个月。该公司同品类产品的重复购买率 40%（是经验数据，上月购买后本月仍会继续购买的人群），辅导期内第一个月试用率仍为 46.43%，以此数据为基础，在市区 60 万目标消费人口的前提下，请预估 1 个月推广期新包装产品的销量。（注：为保守起见，设定购买人群每月只有 1 次购买行为。）

辅导期第一个月新产品销量预测 =（T－1 期试用者数）×T 期重复购买率×人均购买量 + T 期试用者数 × 人均购买量 = 60 万人 ×46.43% ×40% ×2.69 包 +60 万人 ×46.43% ×2.69 包≈30 万包 +75 万包 =105 万包

当然，新产品上市还会涉及新品对老品侵蚀问题，即新品销量的增长是以老品销售损失为代价的，有兴趣的读者可以去参考《用数字解放营销人》（中华工商联合出版社 2013 年 1 月版）的第四章第三节内容。

老品销量预测：可以用前面介绍的一元二次线性方程，进行老品的销量预估，不再介绍。

三、促销

在销售计划中，对促销的评估和监控，不在于对某次促销销量和价格管理，而在于对投入产出的分析。所以，促销的量化指标主要有以下两个：

（1）费销比 = 促销预期销售额/预计投入费用额

费销比是衡量促销费用效率的关键指标，一般费用的内容包括促销返点、临促人员工资、场地费、演出费、活动物料费、活动杂费等。这些一般都会在年度总促销费用中进行预估，每次促销活动前会有再一次的评估，年度促销的费销比是年度总控制指标。

如某公司年度销售额目标为 40 亿元，其中分解的渠道促销需要承担的销售额为 13. 2 亿元，渠道促销费用 1. 2 亿元，故年度需要实现的促销费销比为 13. 2 亿元 ÷ 1. 2 亿元 = 11 元。即年度控制的整体促销费销比为投入 1 元，实现 11 元的促销额。

（2）促销投资回报率 = （销售收入 – 销售成本 – 销售费用）/ 销售费用

回报率指标是一个利润指标，某些业务人员是没有销售成本这个概念的，所以在衡量促销投资回报率指标时，并不是每一份销售计划都会涉及。

四、价格

价格指标体系除了新成立的公司或者有新产品上市，需要确定整体的价格策略外，一般公司的销售计划中主要是对价格的监控措施，至于对新产品如何定价，这里不做太多阐述，主要对销售计划中的价格管控目标做一下介绍。

有些公司各区域的价格是根据区域情况自由调控的，但是也会要求区域内的价格基本一致，总部监管部门会不定期对区域价格进行抽查，要求年度抽查的价格波动控制在某一标准方差内，这就涉及抽样样本的标准方差的计算。

比如，某公司年度的终端价格水平为 1998 元，要求区域价格水平在年度内控制在 100 元以内波动，超出这个标准将不达标。公司做了 10 次抽查，价格记录如表 5 – 7 所示。

表 5 – 7　某公司 10 次价格抽查情况（单位：元）

第一次	第二次	第三次	第四次	第五次	第六次	第七次	第八次	第九次	第十次
1998	2100	2110	2100	1980	1900	1998	2000	2150	2200

该公司区域抽查的平均价格：$\bar{x} \approx 2054$ 元

价格波动标准方差 $= \sqrt{\frac{\sum (x-\bar{x})^2}{n}} \approx 87.34$ 元，应该说区域市场比较成功地执行了公司的价格管控政策。

第五节　案例：某品牌下半年国内营销中心销售计划分解

一、整体目标

远期目标：成为一家受人尊敬、为社会持续创造价值的企业。

近期目标：

下半年营销目标：

（1）市场目标：2011 年销售收入 19500 万元，全国年销售过百万的客户 88 个。

（2）财务目标：毛利率 22%。

（3）关键能力目标：

- 产品链相关目标：产品、研发、质量。
- 供应链相关目标：物流运作、采购控制。
- 市场链相关目标：亚品牌推广、客户需求及满意度、技术支持。

二、下半年规划

（一）人员调整

国内品牌营销中心从最初的 77 人，优化至目前的 60 人。其中流通 43 人，工程 10 人，商超 7 人。

优化人员名单如下：

东区：熊×、吕×、何××、刘××、胡×、蔡×

南区：陈××、叶×、罗××、黄××、陈××

西区：吕××、康××、陈××

北区：孔×

中区：何××、王××

组织架构和人员编制（略）。

（二）产品策略

从 2011 年下半年开始，逐步建立每年上市新品 2 次（4 月、10 月各一次）的市场产品开发制度。同时，结束由市场人员报产品，销售总监拍脑袋出创意，上市前没有充分论证、上市中没有周密计划、上市后没有及时追踪的“三无”状态。

组建新产品开发小组，具体职能为：完善市场背景研究、数据分析、上市可行性确认、产品包装、价格等要素的测试，同时具体上市过程又会有详细周密的上市计划、由产品经理来组织协调上市过程中各部门的配合、跟进各项具体工作的落实，追踪新品上市后各个重点指标的数据表现。

下半年产品开发和优化计划中，根据历史数据参考，新品销售承担 980 万元的指标。

（1）节能灯类产品的优化：规格型号成系列，淘汰现有销量少和滞销的产品（备注：组织专项方案处理）。新概念产品的推出，例如低汞和超长寿命的节能光源产品。

（2）LED 类产品的上市：室内 LED 产品的全面上市（见《产品市场部 2011 年下半年度新品上市计划》）。

（3）台灯新品下半年安排 2 个上市节点：6 月 6 款新品上市，进商超系统；9 月 12 款产品上市，对接流通渠道。

（4）工程类配套产品：启动工程项目灯具类产品配套方案，为未来公司灯具产品上市做好产品系列、类型、款式、价格、售后、OEM 等各方面筹备工作。

（三）渠道策略

部分考核方式的改变：

（1）大区经理、办事处经理考核流通、商超和工程渠道全部任务；区域主管和商务代表考核流通和工程任务。

（2）办事处集中式提成和区域人员单独提成制 2 种模式并存，前提是办事处整体达到提成标准。

2011 年下半年确立以“流通和商超渠道为核心，同步启动分销和项目渠道”的操作模式，加快渠道的调整和转变。2012 年开始，整体渠道将划分为 4 个方向，渠道平均毛利率达到 45%。

流通：客户类型为大批发、大流通性质的经销商，产品主要为节能灯、支架等光源类产品。渠道毛利率达到 46%。

商超：客户类型为百货商场、生活超市和建材类超市，分为全国直供和渠道代理商供货 2 种模式，产品主要为光源类、台灯以及其他可以在超市销售的配套产品。渠道毛利率达到 49%。

分销：客户类型为传统建材市场具备零售和工程项目能力的经销商，主要产品为 LED、灯具、光源类产品。LED 项目的启动，实现“LED 搭台，节能灯、支架、台灯类产品唱戏”。渠道毛利率达到 50%。

项目：客户类型为各地有项目能力的工程经销商。主要产品为 LED、灯具、光源类产品。今年在项目上要：一是完善以珠宝照明为特色的 LED 项目推广模式；二是启动灯具配套计划，满足公司业绩增长。渠道毛利率达到 35%。

渠道建设多种体制并存，以“快速启动市场，优质服务终端”为原则，既有省级经销，又有小区域经销，同时还有工程和商超经销，体制灵活，贴近市场一线。采用“先到先得”的原则开发市场，对于相邻地区，以交通便利、物流习惯、客户意向、谁先开发谁受益加以区分。

在 2012 年渠道划分的原则下，对 2011 年下半年现有大区重新划分，使之更加合理合规，更加有利于销售的提升和工作的推进。

（四）市场策略

1. 终端建设

（1）2011 年下半年，公司的主要终端形象为 LED 专区形象和流通经销商光源展示形象，装修 LED 专区，按 500 元/m^2 补贴装修费，门头店招字体由公司提供，根据装修材质不同分别给予补贴；流通客户装修光源展示区的，则按照现有公司标准 600 元/m^2 补贴装修费。

（2）市场部将于 2011 年 12 月 20 日前下发《2012 年终端建设 AI 及 SI 标准手册》，各业务人员人手一份，尽快熟悉，2012 年 1 月 10 日左右接受对终端建设标准学习成果的回厂考核。

（3）基于 LED 专区的环境及氛围要求，各经销商需严格按图纸要求的材料、规格进行施工，不可擅自改动及变更材料，因不遵守要求施工的店面造成验收不合格的，后果由经销商自行承担，市场部对此类现象也要加强核查。

2. 广告投放

2011 年下半年，营销中心的广告资源完全投放于门头店招，除特殊案例外，公司对户外广告不再承担费用，该部分的广告发布，要求各业务人员动员各地经销商自行投放。

3. 市场推广

（1）2011 年度户外推广的重点将是以大宗采购产品的推广为主。

（2）各区域协助经销商开展店庆促销活动及店内促销活动。

（3）各区域加强对终端导购员的培训次数，增强终端经销商人员对公司的感情。

4. 促销执行

（1）2011 **年下半年促销的费销比控制在** 56% **以上**，针对不同层面的经销商，运用不同的促销手段和方式，时间把控采用长期和短期相结合的原则（年度促销、特殊假日促销）。

（2）2011 年经销商的促销返利政策由两部分考核组成（资源投入占比25%，销售完成率占比75%），同时将更多采用销售绝对值考核的方式。

（3）2011 年下半年促销的主要对象，在渠道上以核心经销商（经销商、分销大客户）为主（80%以上的渠道资源将用在核心经销商上）。

（4）通过2011 年下半年的促销执行过程，进一步完善促销的监督和管理，对在此期间仍不注重流程和环节的促销结案申请，将成为第一批被枪打的出头鸟。

5. 价格体系/策略

（1）建立科学合理的价格体系，根据实际情况计算出各运营商、经销商的加价空间，在允许的范围内保证合理的利润。

（2）在2011 年下半年取消对运营商的直接返利，从而改变激励模式，提高运营商和终端的积极性，方案灵活掌握，由营销中心另出方案。

6. 商超及网络营销

现有商超及网络销售的价格体系属于非正常模式，2011 年下半年开始，对此系统的价格原则为：公司利润保持在毛利 30%～40%，商超及网络为 30%～45%。

7. 流通

2011 年流通渠道由代理商到分销商的普遍加价率为 15%～19%。计划2012 年代理商到分销商的加价率为 10%～13%，从而加快产品的流通和市场占有率。

8. 工程

工程可经营所有产品，但进货价格要比流通经销商高 10%，在工程金额达到一定标准的情况下，分级给予返点支持。

（五）内部管理

1. 组织架构中的组织架构及人员编制表（略）。

2. 日常制度的建立与管理

（1）强化档案管理：客户档案管理，市场人员的周报、月报管理，各区域经销商的销售数据（月销售数据）的统计和分析，对日常文件、通知等材料纳入规范化管理；各办事处以办事处经理为第一负责人。

（2）加强工作计划性，日常工作责权层层下放，提高工作成效；6 月要做好 2011 年下半年终端开发计划、促销计划，明确推进时间、费用控制标准、责任人，提高市场反应速度，避免贻误战机。

（3）明确各个岗位的职责，以目标管理为主，强化责任心，个人利益与目标达成挂钩。

（4）明确各内部岗位职责：

- **大区助理**：加强销售助理的服务意识，承担起“对外窗口”的功能，在做好本职工作的基础上，对个人做不同方向的提升。
- **售后助理**：为品牌创建口碑，明确目标，责任到人（区域销售人员、售后专员、品管），为一线销售人员做好后勤保障工作。
- **商超助理**：及时处理订单，确保商超客户的运营顺畅，加强与商超客户的沟通，公司推陈出新的政策要及时与客户宣导到位。

（5）标准化表格的制定：促销申请表、特殊资源申请表、广告申请表、终端建设广告制作相关表格、特价申请表。

（6）强化市场检查、工作指导、保证执行力；对各办事处工作实施监督、检查、指导是大区经理的一项主要职责，为提高工作成效，大区经理每月走访核心客户数量不少于 6 家，拜访普通零售客户不少于 12 家，走访市场以市场调研、发现问题现场解决为主，对不达标工作公布处理意见，限期整改，保证各项工作真正落实到位。

（7）宣导文化，激励士气：加强文化建设和制度建设，严格实行制度化管理，保证公司制度的严肃性；及时传达总部的文件精神，保证上下工作的一致，统一思想，增强凝聚力；强化内部管理，营造良好工作氛围。

（8）沟通与协调：加强个性化沟通，消除分歧；协调各部门、大区之间的合作性事宜。

（9）培训互动和总结计划会议：各办事处必须有月度会议，月度会议需有培训、考核，并有文案记录备档。

3. 人才战略

（1）外聘：加强公司各方面的正面宣传，来吸引更多本行业的优秀人才。

（2）内聘：通过外培、内训等多种方式，提高人员的销售技巧、财务知识等各方面能力，达到内部晋升的目的，增强员工的归属感。

4. 薪资体系

（1）薪资体系：做到以人定岗，以岗定薪，人岗融合的局面。

（2）激励政策：对不同岗位的员工，有提出合理化建议并起到关键作用的，或产生重大贡献的，给予一定激励。

5. 售后服务体系

（1）定期的服务流程：定期做好市场及客户满意度调查并做详细记录、分析。

（2）不定期的售后服务：客户反映的质量问题，尤其是返回公司的产品，要给客户明确的回复时间和检测报告。

颁布的新售后服务流程，2011 年 7 月 1 日起正式执行。

6. 执行计划表（略）

第六章

促销执行计划是营销计划的最佳后卫

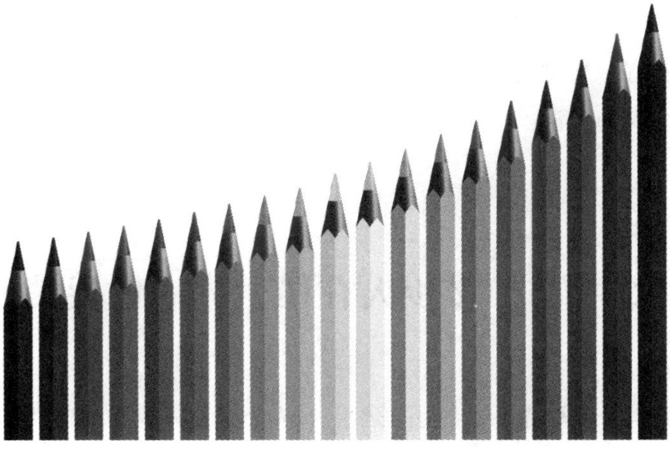

《唐伯虎点秋香》，唐寅为了混进华府当下人，与人比惨斗狠，一个有同样目的的男子指着唐寅的鼻子骂道："大哥，你别闹了，看看你那么干净，去化个妆再来吧。你看看我，烂命一条，满手烂疮，你怎么惨得过我啊?"很多企业做促销，都是到了销售不好的时候再做，或者竞争对手在做时才开始做。这种促销格局，无异于沦为二愣子，为了吸引眼球，往死里作践自己，低价，再低价，没有最低，只有更低。为了让客户或消费者接受自己，将促销策略变成了一场"比惨竞赛"。更为可怕的是，由于没有对促销进行合理的量化分析，对这种促销的效果还一直感觉良好。

促销已经成为大部分企业推进销售目标的常用工具，甚至成了用资源换销量的重要保障，而事实的真相正如广告界常说的一句话："所有的广告费，其实有一半都是浪费。"促销费用由于缺乏合理的评估和规划，浪费是一个惊人的黑洞。

第一节　多少人在稀里糊涂做促销

说到促销，稀里糊涂做的还真不止一两个，为完成最后的销售目标，很多企业不惜亮出重拳，以促代销，为促而促。折扣、返点、赠品、演唱会门票，五花八门，无奇不有。因为没有评估，这样的促销每天都在上演。

曾经服务过的一家公司，在 2008 年下半年，由于美国次贷危机的持续性影响，国内经济大环境向下走低，年度销售任务经三次调低后，仍出现了较大的销售缺口。为了冲刺年度任务，预计投入了 650 万元的费用，开展了为期两周的"渠道 + 终端"的联合促销活动，但最后只实现了 5395 万元的销售结果，相比上期销售结果，整体增长仅 3.67%。

更可怕的是，花费650万元实现的3.67%的销售增长，有2.88%的增长，即153万是由于同年5月一次价格调整而促成的；也就是说，只有0.86%的增长即45万元是促销因素促成的。

这就是常说的双因素分析方法，具体的演算结果如下：2007年11月25日至12月4日的销售数据与促销期2008年11月25日至12月4日进行价格和销量的分析，过程如下：

$q_1p_1/q_0p_0=q_1p_0/q_0p_0\times q_1p_1/q_1p_0$

$q_1p_1-q_0p_0=(q_1p_0-q_1p_1)+(q_1p_1-q_1p_0)$

即**103.76%＝100.86%×102.88%**

1977136.67＝451513.72＋1525622.95

备注：q_0是上期销量，q_1是当期销量，p_0是上期价格，p_1是当期价格。

这是一种用数据来评估促销的典型思维，也让我们重新反思应该如何看待促销。当发现促销没有想象那么好的时候，对待促销可能就会更加慎重一些。

我们不讨论促销形式孰优孰劣，只是从数据角度，理清哪种促销形式更有价值。

（一）是买三送一还是买满即减

在日常促销中，经常看到买满800元立减200元，或买三送一的促销手段，有人认为这两种促销方式是一样的，其实细细一算，发现两者差别明显。

以某商品200元为例，满800元立减200元的活动消费者付出600元获得了4单的商品，买三送一与满800立减200的区别如下：

第一，由于商品本身价格是包含利润部分的。如果商品成本100元，利润100元，买三送一的实际折扣是86折，而满800立减200的折扣是75折。这个账一目了然，所谓二者在促销方式一样纯属“糊涂官判糊涂案”。

第二，促销的目的是尽可能多地获取现金而减少库存。买三送一的实际折损是商品，也就是减少的库存，而满800立减200折损的是白花花的现金。这和促销的实际目的背道而驰。

（二）如何控制赠品促销的费用，或者说赠品选择越贵越好吗

促销经费不够，是经常碰到的事情，很多人以为赠品越值钱，消费者越喜欢，实际上这是一个误区。赠品是消费者需要的商品，对消费者的价值才会大。

比如，促销活动如果面对的是家庭主妇，与其送她一块 99 元的手表，不如送 65 元的 10 公斤大米；如果是老年人群，送 65 元的 10 公斤大米，不如送 49 元的按摩坐垫；如果是青年人群，送 49 元的按摩坐垫，不如送 20 元的魔音耳机；如果是儿童人群，送 20 元的魔音耳机，不如送 10 元的梦幻陀螺。

这里想表述的是，当促销费用不够时，首先想到的不该是增加费用，而要思考以下三个问题：

第一，到底在面向谁做促销？

第二，真的送了他（她）喜欢的东西吗？

第三，有没有更便宜的替代品？

促销，本来就是“花小钱、办大事”。

（三）促销是不是只能降价

网上曾有一个经典段子：一烟民去买烟，烟 18 元 1 包，忘带火机，便让老板送个 1 元的，老板不肯，烟民只好买了一个，然后愤愤而去。又一个烟民来买烟，老板长了心眼，香烟卖 20 元一包，送打火机一个，烟民很高兴，以为占了便宜，喜滋滋地离开。

很多人认为，这个例子揭示的道理是：消费者不是喜欢商品卖得便宜，而是喜欢占便宜。但它的另一面蕴含的道理是：认为促销仅仅只有降价，这种看法是完全错误的。比如在渠道促销时，有时采用逆向促销的方法，提前三个月发布涨价信息，对畅销品或者战略产品进行促销，并提供

渠道商备货的理由，很好地驳倒了这种错误看法。

还需要说明的是，在相同的市场条件下，同样的涨价或降价幅度，但对利润的影响却有着天壤之别。

以价格100元的商品为例，利润25元，正常销量100台。商家认为涨价5%或降价5%，都带来10%的销量变化，请问从利润控制的角度，商家应该是涨价还是降价？

这是很典型的变价促销计算，根据“变价盈亏平衡点＝调价幅度额/新单品毛利”公式，要保持促销前后的利润不变，实际的销量变化分别是：涨价5%，销量下降只要保持在16.67%以内即可；而降价5%，销量上涨的幅度必须保持在25%以上。假设10%的销量变化，涨价反而是更好的促销策略，如表6－1所示。

表6－1　涨价或降价5%，对销量变化的实际影响

涨价5%	预估销量变化	降价5%	预估销量变化	策略选择
实际下降－16.67%	－10%	实际上涨25%	10%	涨价

当然，案例中提到的涨价选择，前提是商品利润偏低，一味地选择降价只会把自己逼到一个更狭小的空间，最后只能自行了断。如果没有涨价思维，促销的路子会越走越窄。当然，这不是鼓励先涨价后打折的做法，只是提醒很多时候做促销，确实没有找到让经销商、消费者都感到满意的平衡点。

第二节　促销计划的销量目标从何而来

如前文所述，促销的量化从始至终贯穿在促销计划过程中，从目标的导出到结果的评估，都有一整套量化指标，只是不注意，或不愿意注意而已。

从促销目标评估来说，一般将促销分为三大类：一是盈利促销，二是亏本促销，三是不亏本促销。三类促销的销量目标，因为性质的差异，目标导出的方式、方法也存在较大的差别。盈利促销的原理是基于盈亏平衡的理论，亏本促销的原理则是复利累积，不亏本促销其实是盈利促销的变种，下面分别予以说明。

一、盈利促销

在实际促销中，涉及各类费用的支出，所以促销应用到每一个实际场景时，公式都存在差别。但万变不离其宗，盈利促销公式的变化，都是基于以下这个基本公式而进行的演变：

赚钱的临界值＝－单品投入变化值/新单品毛利

赚钱的临界值：为了维持原有利润额，销量需要变化的比例。

单品投入变化值：促销中需要投入的费用，包括降价、物料费用、场地费用、临促人员费用、销货成本的变化等。

新单品毛利：分摊投入费用后的单品毛利。

例如，某单品原价 500 元，毛利 280 元，月销量可以达到 10000 台，为迎接元旦春节的消费高潮，公司制订了一份针对单品的促销计划，以加大该款产品在市场的冲击力度，促销期为期一个月，单品只售 399 元，为保证促销前后公司的盈利总额不发生变化，此次销量目标应设立多少合适？

其实这是一个比较简单的降价促销盈亏平衡的计算，按照“赚钱的临界值＝－单品投入变化值/新单品毛利”公式，将各项指标用数字列出来，带入公式得到最终结果：

单品投入变化值：降价 101 元

新单品毛利：毛利 280 元－101 元＝179 元

利用公式，测出赚钱的临界值＝－(－101)/179＝56.42%

因此销量要提升 56.42%，即促销的目标销量要从 10000 台提升到 15642 台，方能保证企业促销前后的利润总额保持一致。

如果此次促销计划需要增加宣传费用和物料费用 10000 元，要保持促销前后的利润总额一致，该企业的促销目标定为多少合适？

同样参考基础公式，但是在每项拆分的时候需要稍作调整。

单品投入变化值：降价 101 元，投入 10000 元推广费分摊到原销量上，每台分摊 1 元的推广费用，单品投入变化值为 1 元 -（ -101 元）= 102 元

新单品毛利：280 元 - 102 元 = 178 元

利用公式，测出赚钱的临界值 = 1 -（ -101）/178 = 57.3%

因此如果增加 10000 元推广费用的话，促销目标销量就要从 15642 台调整到 15730 台，即增加了 88 台的销售目标。

涉及其他费用投入的话，如人员工资、固定费用分摊都可以按比例，对照以上方法进行计算和参照。

二、亏本促销

首先要明确一个前提，亏本促销就是以低于成本方式处理存货，既然是处理存货，销售总目标就是处理目前存货总量，这关键在于确定处理价格和处理库存的时间节点。在某种程度上，价格高低与处理时间成正比关系，价格越高，处理时间越长，价格越低，处理时间越短。如何平衡价格和时间点的关系呢？复利累计的公式就是解决在某一折扣价格时，在确定的现金增值能力前提下，如果复利累计的总额超过原价格，坚持原价格就没有意义。换言之，及时地采取降价行动就是必要的。

这个公式称为库存抛售点公式：

折扣售价 ×（1 + 现金年投资回报率）^{n} ≥ 原价

备注：n 为销售年限。

例如，某产品原价 100 元，成本 60 元，有 100000 单呆滞库存，在仓库里放了 4 年时间。如果采取成本价的半价销售，有收尾货的企业一次性

接手，该企业应不应该进行成本价的半价处理。（该行业平均的年投资回报率不低于 30%）。

根据库存抛售点公式：

30 元 × $(1+30\%)^n \geqslant 100$ 元

当 $n \geqslant 5$，呆滞库存即使按原价销售，也在亏本销售，所以建议一次性处理，由收尾货的企业接手。具体如图 6－1 所示。

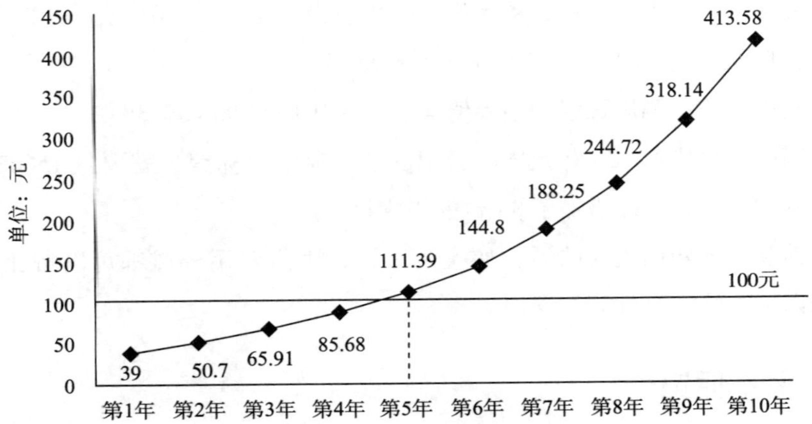

图 6－1　库存成本上升图

三、不亏本促销

很多企业没有盈利促销的意识，现实中，大多数都在进行不亏本促销。

如果仅从单次促销投入来说，简单的降价促销只要不低于成本价，就可以看作不亏本促销的雏形。但很多时候由于有促销费用的投入，不亏本促销的底线就会再次拉高，销售基本目标也因此而来。

最低销售目标＝投入总费用/单品实际毛利

投入总费用：指由促销计划产生的各类新增费用，包括人员、场地、物料等；但不包括降价形成的费用。

单品实际毛利：指促销计划中，单品实际售价与成本之间的差额。

例如，某啤酒公司计划投入10万元的费用，在新市场开展一场以大型路演为主要推广形式、买赠促销为主要手段的新品推广活动，以快速占据该市场。在不亏本促销原则指导下，该款啤酒原价10元一瓶（实际成本3元一瓶），促销装改为“买三送一”的4瓶装，请问在保本的前提下，此次促销的销售目标应该定为多少瓶？

根据不亏本促销公式，将各指标项罗列如下：

投入总费用：10万元

单品实际毛利：(30元-3元×4瓶)/4瓶=4.5元

最低销售目标=投入总费用/单品实际毛利=10万元/4.5元≈2223瓶

换算成4瓶促销装至少要卖出556套。

第三节　怎样让促销资源与促销目的相平衡

有人常说，做计划容易，执行难。其实，做一份靠谱的计划，也不是一件简单的事情。促销目标的导出，虽然可以经过数字论证，但怎样完成这个目标，在具体计划的执行上千差万别。要完成目标，绕不开两个步骤：目标的分解，即将促销目标分解到不同的推广方式上；资源的匹配，即用对应的资源支持各种推广方式。接下来要介绍的就是目标分解的原则和底线，资源匹配的方式和方法。

因为行业差异，用何种推广方式完成促销目标，所谓“蛇有蛇道、鼠有鼠路”。这里主要介绍如何用数字来控制计划，采用哪种推广方式就不是介绍重点，但需要将目标分解的原则和底线进行说明和阐述，这是目前促销计划中容易忽视的地方。至于资源匹配的方式和方法，将通过实例进行阐述和说明。

由于取舍的关系，先举例介绍资源匹配的方式和方法。

某老年人保健器材公司计划通过树立样本市场的方式来推广新品。拟定在某区域开展一项新用户拓展活动，在不亏本促销的前提下，推广费用 75 万元封顶，预计 1 个月实现销售额 180 万元。根据历史成交数据分配，其中老年人社区渠道 90 万元，老年人医院 70 万元，大卖场地推 20 万元。参照历史数据可知，老年人社区渠道人流量 1000 人/月，购买率为 20%，平均挽留率为 10%，平均每单购买额为 5000 元；老年人医院渠道人流量 200 人/月，购买率为 50%，平均挽留率为 15%，平均每单购买额为 8000 元；大卖场地推人流量 20000 人/月，购买率仅为 0.5%，平均挽留率为 5%，平均每单购买额为 3000 元。各渠道平均利润为 75%，在这样的客户终生价值下，按 CPI5% 的上涨速度，各渠道应该怎样分配 75 万元的费用，活动才值得开展？

这里提到一个概念，即消费者终生价值概念。消费者终生价值指通过推广开发出来的客户，在一定的流失率下，分摊一定比例的费用后，留下来的消费者最终能为企业带来的利润。消费者终生价值大于零，活动就值得投入费用。具体计算如下：

1. 老年人社区渠道

老年人社区渠道获取每个消费者的成本 = **预计投入的费用/1000 人**

另：

同质消费者的初始毛利 = 5000 元 × 75% = 3750 元

同质消费者的终生价值 = 3750 × 10%/（1 + 5% − 10%） ≈ 395 元

只要潜在消费者的终生价值≥0，该渠道的推广活动就应该执行，故：

潜在消费者的终生价值 = （同质消费者的初始毛利 + 同质消费者的终生价值）× 获取率 − 每单位消费者获取支出 = (3750 元 + 395 元） × 20% − 预计投入的费用/1000 人≥0

老年人社区渠道投入的费用≤82.9 万元，该渠道的投入就是值得的。

备注：按老年人社区渠道人流量 1000 人/月，购买率 20%，均单价

5000 元计算，老年人社区渠道一个月可实现销售额在 100 万元左右，大于预期 90 万元的销量。

2. 老年人医院渠道

老年人医院渠道获取每个消费者的成本 = **预计投入的费用**/200 人

另：

同质消费者的初始毛利 = 8000 元 × 75% = 6000 元

同质消费者的终生价值 = 6000 × 15%/(1 + 5% − 15%) = 1000 元

只要潜在消费者的终生价值 ≥ 0，该渠道的推广活动就应该执行，故：

潜在消费者的终生价值 =（同质消费者的初始毛利 + 同质消费者的终生价值）× 获取率 − 每单位消费者获取支出 =（6000 元 + 1000 元）× 50% − **预计投入的费用**/200 人 ≥ 0

老年人医院渠道投入的费用 ≤ 70 万元，该渠道的投入就是值得的。

备注：按老年人社区渠道人流量 200 人/月，购买率 50%，均单价 8000 元计算，老年人医院渠道一个月可实现销售额在 80 万元左右，大于预期 70 万元的销量。

3. 大卖场地推渠道

大卖场地推渠道获取每个消费者的成本 = **预计投入的费用**/20000 人

另：

同质消费者的初始毛利 = 3000 元 × 75% = 2250 元

同质消费者的终生价值 = 2250 × 5%/(1 + 5% − 5%) = 112.5 元

只要潜在消费者的终生价值 ≥ 0，该渠道的推广活动就应该执行，故：

潜在消费者的终生价值 =（同质消费者的初始毛利 + 同质消费者的终生价值）× 获取率 − 每单位消费者获取支出 =（2250 元 + 112.5 元）× 0.5% − **预计投入的费用/20000 人** ≥ 0

大卖场地推渠道投入的费用 ≤ 23.625 万元，该渠道的投入就是值得的。

备注：按大卖场地推渠道人流量 20000 人/月，购买率 0.5%，均单价

3000 元计算，老年人医院渠道一个月可实现销售额在 30 万元左右，大于预期 20 万元的销量。

故 75 万元的推广费用，只要分摊到老年人社区渠道小于 82.9 万元，老年人医院渠道小于 70 万元，大卖场地推渠道小于 23.625 万元，分配计划就可以执行。

在例子里，涉及的两个公式，这里仅作简单介绍，详细了解请参考《用数字解放营销人》（2013 年 1 月版）的相关内容。

$$\text{同质消费者的终生价值} = \text{同质消费者的初始毛利} \times \frac{\text{平均挽留率}}{1 + \text{平均折扣率} - \text{平均挽留率}}$$

备注：

（1）平均挽留率是指消费者的二次购买率。

（2）平均折扣率事实上体现的是现金的时间价值，在没有促销折扣的情况下，可以考虑将这个平均折扣率的取值，用国家统计局定期公布的月度或者年度 CPI 指标的变动率代替。

潜在消费者终生价值 =（同质消费者的初始毛利 + 同质消费者的终生价值）× 获取率 − 每单位消费者获取支出

备注：

（1）获取率指一定基数消费者的购买比例。

上述对资源匹配的方式方法作了简单介绍，接下来就对促销目标分解的三个原则进行概要性阐述。

原则一：促销分解目标要大于等于实际目标，小于等于渠道的实际容量。

一般从达成目标的角度来说，促销目标的分解最好大于实际目标，以保证一定的余量。“取法其上，得乎其中；取法其中，得乎其下；取法其下，法不得也”，但这要视情况而定，目标层层加码后，推广和销售人员感觉跳一跳，也达不到的话，就会适得其反。小于等于渠道的实际容量是根据渠道历史数据进行的测评，在上例中有所介绍，就不再展开。

原则二：促销目标尽可能分解到每个最小业务单元，直至每个客户。

一定要将促销分解到经销客户身上，除非做直营。促销目标的分解，如果仅停留在销售和推广人员这个层面，促销的实际结果都不太理想。销售人员本身是不产生价值的，他们通过对特定客户或者消费者进行招商式的推广达成销量。经销商是推广的特殊介质，一是本身具有销量的吞吐能力，二是任何推广都离不开本土化的操作，因而，调动经销商一切可以调动的资源，才是达成销量的最重要保证。

原则三：目标分解要与推广动作分解相配套。

促销目标的分解，伴随着推广渠道分解、推广动作分解，是促销目标实现的基础保障。在全国性的促销活动中，可以不用细化到每个区域的每个推广动作，但是务必要求区域人员根据目标将推广动作进行分解，同时确定推广的主要形式，区域因特殊情况需要调整推广形式的，务必先汇报到总部进行评估和备案。

第四节　量化评估是改进促销的唯一途径

促销计划的改进，除了依赖日积月累的感性经验，最重要的途径就是通过促销完结后的促销评估来提高后续计划的质量。当然，本书更强调用量化评估的方法进行促销评估。

在日常用到的促销评估方法中，分类评估、汇总评估、对比评估等加减乘除的方法就不做重点介绍，凡做过促销评估的人，对它们都不陌生。这里重点介绍三种促销分析中更有技术含量的方法：一是涉及销售额变化的双因素分析法，二是涉及促销品对非促销品带动效果评估的相关性分析法以及促销前后客户进货水平变化的显著性分析法。之所以介绍以上三种方法，是因为它们的分析角度和分析方法，在促销分析中最常见，也是促销评估的标配。

由于显著性分析法等涉及统计学知识，使用的时候受一定条件的限制，如果在这里展开论述的话，估计很多人会理解不了。所以下文的例子都将使用的条件进行固化，使用的对象也进行固化。使用时，如果对统计学不太熟悉的话，建议不要轻易改变使用方向，照搬照套即可。

一、促销销售额变化的原因分析（双因素分析法）

其实这个方法，前文曾做过介绍，这里重温一下。

毋庸置疑，促销前后，销售额一定会发生变化，即使不开展促销，销售额也会发生变化。那么，问题来了，销售额发生变化的部分，到底是促销促成的改变，还是其他因素导致的（如：价格）。一般来说，促销都伴随价格的调整，促销推广也会为销售额变化带来机会。双因素分析法，就是分析在价格前后不一致的情况下，促销推广进行时，价格因素和推广因素对销售额的变化起了多大的影响。

例如，某企业在 2014 年 5 月开展了一场套装产品的促销活动，相较于同年 4 月，价格进行了 8.5 折的调整，与此同时，开展了较大范围的推广活动，促销前后价格和销量变化如表 6 – 2 所示，请对销售额结果的变化做结构分析。

第一步，将调价前后销售额和销售量变化数据列表，如表 6 – 2 所示。

表 6 – 2　促销前后，销售额和销售量的变化情况

促销品类	销售量（单位：套）		单价（单位：元）		销售额（单位：万元）		
	促销前 q_0	促销后 q_1	促销前 p_0	促销后 p_1	促销后 $q_1 \times p_1$	$q_1 \times P_0$	促销前 $q_0 \times p_0$
活动套装	1000	2500	500	425	106.25	125	50

第二步，按综合指数体系法的公式，将影响销售额的价格和销量的拆分及解构。

$$q_1p_1/q_0p_0 = q_1p_0/q_0p_0 \times q_1p_1/q_1p_0$$

$q_1p_1 - q_0p_0 = (q_1p_0 - q_0p_0) + (q_1p_1 - q_1p_0)$

故：106.25/50 = 125/50 × 106.25/125

106.25 − 50 = (125 − 50) + (106.25 − 125)

即：212.5% = 250% × 85%

56.25 万元 = 75 万元 + (−18.75) 万元

第三步，结论。

销量增长 150%，销售额增加 75 万元；价格下调 15%，销售额下降 18.75 万元。两者共同作用的结果，销售额上涨了 112.5%，增加 56.25 万元。

二、促销品对非促销品的带动评估（相关性分析法）

一般来说，促销单品的利润很少甚至亏损，单品促销目的绝不是简单的停留在把促销品的量卖上去，而是希望通过促销品的带动，将非促销品的销量进行一定的盘活。网络销售经常提到的爆款策略，就是这种促销形式的典型体现。

在促销评估中，常涉及的第二个指标，就是促销品对非促销品的带动。常用评估方法就是相关性分析法。

以某企业战斗型产品与非战斗型产品 12 个月销售额为例，来看看促销品与非促销品的相关联程度。在 95% 的概率保证下，两者之间存在的相关关系，如表 6－3 所示。

表 6－3　促销品与非促销品的相关关系（单位：万元）

月份	1 月销售额	2 月销售额	3 月销售额	4 月销售额	5 月销售额	6 月销售额
促销品	318	136	385	231	604	1109
非促销品	267	146	375	789	489	355
月份	**7 月销售额**	**8 月销售额**	**9 月销售额**	**10 月销售额**	**11 月销售额**	**12 月销售额**
促销品	607	181	266	328	768	702
非促销品	148	226	361	205	314	126

相关性分析法其实也有很严格的限制条件，两组数据必须是正相关、负相关或者零相关中的一种，对不具有相关关系的两组数据，相关性分析和检验没有任何意义。这里，先假定两者存在相关关系，再通过 t 检验，验证两者是否存在相关关系。

第一步，利用 EXCEL 软件中的“CORREL”函数功能，快速计算出两组样本的相关系数，得出 r = 0. 082343。

第二步，对相关系数 r 的 t 值进行检验，依据公式

$$t = r\ \sqrt{n-2} + \sqrt{1-r^2} = 0.2613$$

第三步，概率保证为 95%，即显著水平 α = 1 − 95% = 5%。因为销售数据的分布一定属于双侧检验，所以自由度 = n − 2 = 12 − 2 = 10 时，可查《t 分布临界值表》，得到 $t_{\alpha/2}$ = 2. 228。t 值 0. 2613 远小于临界值 2. 228，促销品与非促销品两者之间不具备相关关系，促销品的销售并没有带动非促销品盘活。

三、促销前后客户进货水平评估（显著性分析法）

从表面看，发出了促销指令，经销商的进货也发生了一些变化。但经销商进货发生变化，可能涉及很多原因，比如销售的自然增长、某个客户的突然爆发等。促销前后整体销量的变化，到底是因为促销政策的执行，还是其他因素的影响，可能不得而知。而显著性分析法，更具体地说，是单侧总体 t 检验的统计方法，能够解开这个谜团。

由于 t 检验依据的条件分为很多种且比较复杂，因此依然采用固化条件和固化对象的方式，通过单侧总体 t 检验对促销前后经销商进货水平评估做概括性分析。

例：经销商促销前进货的抽样平均误差为 μ = 32. 35 万元（n≥30），平均进货额为 223. 62 万元。7 月渠道价格上涨，销售出现了小幅下降。

为确认价格的实质性影响，随机抽取 10 名经销商 7 月进货额作为样本（进货数据如表 6 − 4 所示），样本平均进货额为 142. 4 万元。请判断涨价

后，以0.01的显著性水平评估经销商进货是否发生实质性的下降。

表6-4 10名抽样经销商的进货额（单位：万元）

	进货额		进货额
1	2	6	209
2	213	7	90
3	219	8	138
4	205	9	17
5	189	10	142

判断涨价对销售下降的影响，这是总体平均数的左单侧检验问题。

第一步，设立假设 H_0：经销商实际平均进货额≥223.62万元。

备择假设 H_1：经销商实际平均进货额<223.62万元。

第二步，左侧检验临界值 $-t_\sigma$，因为单侧的显著性要求是0.01，双侧概率应为2×0.01=0.02。

自由度V=10-1=9，查t分布临界值表，下临界值 $t_{0.02}$（9）=-2.821

第三步，根据进货样本平均数计算统计量t的实际值。

t=（样本平均进货额-正常进货额）÷（正常进货标准方差/抽样样品数的平方根）=（142.4-223.62）/(32.35÷3）=-7.532

第四步，由于t小于 $t_{0.02}$（9），即-7.532<-2.821，原假设不成立，涨价后，经销商进货额确实发生了实质性的下降。

第五节 案例：2012年五金渠道单品突破促销计划

一、促销背景

为响应“济南节能灯1.5会议”决议，全面打响五金市场光源产品的

“清洗战”，奠定行业“节能灯霸主”地位，经公司领导决议，特在五金渠道开展为期3个月的重点品类推广、跟进以及终端打击竞争对手的价格战。望各区域做好战前动员，备足战斗品库存（备注：六朵金花 II）及终端物料准备，全面出击，赢取战争的胜利。

二、促销方案

（一）光耀系列“六朵金花 II”促销

光耀系列“六朵金花 II”的促销内容如表 6－5 所示。

表 6－5　促销内容

套餐	编码	产品型号	原价	促销价Ⅰ（元）	促销价Ⅱ（元）	差价返还标准
套餐 A	280400800188	T3 HS 14W E27 RR	9.89	7.92	7.2	单一客户套餐 A 单月提货金额≥80 万元，客户按【促销价Ⅱ】次月享受差价返还；80 万元＞套餐 A 单月提货金额≥20 万元，客户按【促销价Ⅰ】次月享受差价返还；低于 20 万无差价返还
	280400800182	T4 3U 23W E27 RR	9.69	8.80	8	
	280400800189	T4 HS 25W E27 RR	14.59	10.45	9.5	
套餐 B	280400800181	T4 2U 18W E27 RR	7.79	7.24	6.58	单一客户套餐 B 单月提货金额≥50 万元，客户按【促销价Ⅱ】次月享受差价返还；50 万元＞套餐 B 单月提货金额≥10 万元，客户按【促销价Ⅰ】次月享受差价返还；低于 10 万元无差价返还
	280400800248	T4－FS－20W E27 RR	11.59	10.98	9.98	
	280400800191	T4 HS 35W E27 RR	18.89	14.28	12.98	

备注：单月提货金额计算标准以原单价为准。

（二）环管、2D 管、H 管新价格颁布

为全面跟进竞争对手的替换市场，特对目前主流吸顶灯、平板灯的规格、型号的相关配件产品进行价格调整，以配合地级市场的同城批零毛利、县级批发的渠道利润。从 2 月 10 日开始，该品类产品执行新的价格。

具体价格如表 6 - 6 所示：

表 6 - 6　产品的新价格

序号	产品品类	物料编码	产品描述	原开单价	12 年开单价
1	环形管	280401100033	22W/T5/6400K/GZ10q/环形管	7. 84	6. 80
2	环形管	280401100034	28W/T5/6400K/GZ10q/环形管	9. 68	8. 50
3	环形管	280401100035	32W/T5/6400K/GZ10q/环形管	10. 00	9. 00
4	环形管	280401100036	40W/T5/6400K/GZ10q/环形管	10. 66	10. 00
5	环形管	280401100037	55W/T5/6400K/GZ10q/环形管	14. 48	14. 00
6	环形管	280401100038	65W/T5/6400K/GZ10q/环形管	16. 74	15. 80
7	环形管	280401100039	22W/T5/2700K/环形管	7. 94	6. 80
8	环形管	280401100040	28W/T5/2700K/环形管	9. 88	8. 50
9	环形管	280401100041	40W/T5/2700K/环形管	10. 86	10. 00
10	2D 管	280401200014	10W/6400K/GR10q/2D 管	7. 30	5. 50
11	2D 管	280401200015	21W/6400K/GR10q/2D 管	7. 75	6. 00
12	2D 管	280401200016	38W/6400K/GR10q/2D 管	10. 89	9. 50
13	H 管	284690000051	YDW36 - π/RR/有铅/φ17/36W 单 Aπ/6500K/406mm（不含铜针）/2G11（4 针）	9. 89	8
14	H 管	284690000052	YDW55 - π/RR 有铅/φ17/55W 单 Aπ/6500K/528mm（不含铜针）/2G11（4 针）	11. 59	10. 1

（三）促销目标

套餐 A 销售目标：达标客户 25 个，三个月实现 3000 万元。

套餐 B 销售目标：达标客户 67 个，三个月实现 5000 万元。

“三管”销售目标：潜在客户 121 个，三个月实现 2800 万元。

（四）促销时间

促销分三个阶段：

第一阶段：2 月 16 日 - 2 月 29 日。

第二阶段：3 月 1 日 –3 月 31 日。

第三阶段：4 月 1 日 –4 月 30 日。

（五）促销对象

ERP 系统中具有五金进货资格的全体客户。

（六）促销任务、推广及分解

（1）各营销中心促销目标及重点客户目标任务分解见《2012 年五金渠道单品突破促销任务分解表》（略）《2012 年五金渠道单品突破重点五金大户指标指引》（略）。

（2）终端促销必须配合渠道联动执行，协助渠道商完成渠道进货。终端各阶段推广重点与考核指标，各营销中心参照 CPC 公告附件。

附件三：《2012 年五金渠道单品突破促销“三管一灯”终端物料落实及执行通知》（略）。

附件四：《2012 年五金渠道单品突破促销各阶段终端执行考核标准》（略）。

附件五：《2012 年五金渠道单品突破促销“千人社区”联动分配计划》（略）。

（七）相关说明

本次促销分三个阶段，以上促销提货金额均为单月提货额，不做累计。

（1）促销根据实际进货总额对应的等级享受相应的返利折扣。

（2）所有订单折扣的返还以提货截止点的次月执行。

（3）此次促销只计算销售规模，所有享受折扣的订单，不再享受季度返利，享受返利不与其他活动重复。

（4）如定制特殊产品，且按指定价格提货的，享受该政策的正常返利，但有特价申请的产品只计算销售规模，不享受政策返利。

第七章

客户管理计划，数字背后的客户价值

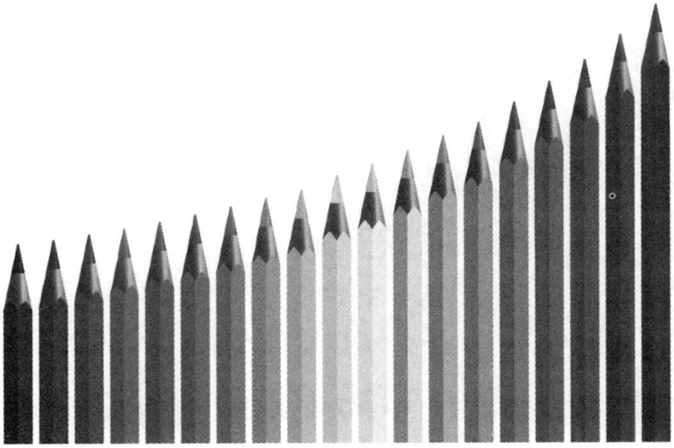

经商不盈利，比耍流氓还可气。开发经销商、管理经销商，无论是企业，还是经销商，如果不从经济收益上客观评价客户，生意就是“十死无生”，不管是企业还是经销商。合作的最终目的就是赚钱，选择客户的标准也是钱，评判客户的标准仍是钱，扶持客户标准还是钱。俗话说：“强扭的瓜不甜，强摘的花不香。”《国产零零漆》曾对钱下的精辟定义，在经销商管理标准的制定上似乎更贴切。

007：我以为凭我们的交情，可以讲点感情，没想到还是一笔买卖。

某女甲：讲感情也是要付钱的。

客户管理是渠道管理的载体。根据国内渠道的现状，厂家不要仅仅把渠道当作一个货物流转的管道，更要把其当作货物存储的节点。因此，客户的仓储能力，很大程度上决定了渠道的质量。换句话说，客户管理的本质是销量管理，客户是一个个真正的销量载体。至少在销售人员的眼里，客户的背后都是一座有待发掘的金矿。

第一节　客户价值决定了最终的市场销量

在大多数情况下，客户管理的分类标准是依据客户价值展开的。客户价值主要以客户的历史销量为标准。某种程度上，将销量等同于价值，是在缺乏数据分析的情况下不得不采取的折中办法。

在现实操作中，靠低价、特价进行大量吞吐的所谓大户，反而容易成为压倒公司的最后一根稻草。本书所讲的客户管理计划，试图真正地从客户利润角度来看待客户的各种价值，包括终生价值和潜在价值。

一、客户的终生价值

过去分析客户时，常将进货都是100万元的客户列为同一类，然后采取相同的激励措施和管理办法。事实上，这忽略了一个很重要的条件，即刚合作一年就进货100万元的客户，与合作了五年但进货也是100万元的老客户，同样采用这种方法进行客户分类管理，就会得出他们对公司的价值是一样的，具有的市场基础、渠道基础、仓储基础也是一样的。其实，这在变相鼓励业务人员通过调整客户，来增加重点客户的数量。然而，新客户的渠道塞货，是从零开始，而老客户塞货，则需要盘活原有渠道库存，两者的难易程度，很容易判断。

仍以一年内客户同样进货100万元为例，一个刚合作了仅一年，另一个则合作了五年，在下一年度，他们的合作流失概率是否会一样？显然，合作时间越长的客户，下一年度合作的概率越高，流失的概率越低；仅合作一年的客户则与之相反。他们在流失概率上的差别，体现的是相对于公司他们的价值是不同的。

上例最主要的目的就是要说明：客户的终生价值不能仅用销量的多少来衡量，也与客户合作时间、流失概率等密切相关。

还是再用一个实例来说明这个问题。前文介绍促销内容时，曾对如何运用公式衡量客户的终生价值和潜在价值做过介绍，只是语焉不详，这里再深入介绍一下。

某公司有A、B两个客户，年终盘点时，他们都完成了100万元的销量，均为公司提供了40万元的销售毛利。其中A客户是今年刚开发的客户，B客户则是合作五年的客户，并在前四年为公司贡献销售毛利210万元。根据历史资料统计，一年期客户流失率为35%，五年期客户流失率为2.5%，在年度CPI上涨幅度5%的现金折损下，请根据A、B客户的终生价值，对客户进行归类。

根据客户终生价值公式，A、B 客户的终生价值分别如下：

A 客户的终生价值：

已获取毛利客户的终生价值 = 已获取的毛利额 + 已获取的年平均毛利额 × $\frac{\text{平均挽留率}}{1+\text{平均折扣率}-\text{环境挽留率}}$ = 40 万元 + 40 万元 × (1 − 35%)/(1 + 5% − 65%) = 105 万元

备注：

（1）平均挽留率指消费者的二次购买率。

（2）平均折扣率体现的是现金的时间价值，在没有促销折扣的情况下，建议这个平均折扣率的取值用国家统计局定期公布的月度或者年度 CPI 指标的变动率代替。

B 客户的终生价值：

已获取毛利客户的终生价值 = 已获取的毛利额 + 已获取的年平均毛利额 × $\frac{\text{平均挽留率}}{1+\text{平均折扣率}-\text{环境挽留率}}$ = 250 万元 + [(40 万元 + 210 万元)/5] × (1 − 2.5%)/(1 + 5% − 97.5%) = 900 万元

综上分析可知，A 客户是 100 万元级客户价值的客户，B 客户则是 1000 万元级客户价值的客户。

二、客户的潜在价值

前面主要介绍衡量已经发生合作关系的客户价值，客户潜在价值的衡量又是另一套评价体系，主要为客户开发提供价值判别依据。

在客户潜在价值衡量上，同样存在着很多误区。

开发 A、B 两种不同渠道的客户，根据历史资料，这两种类型的客户第一年都为公司带来 40 万元的销售毛利，那能否说客户的潜在价值是一样的？有销售经验的人一定不会如此认为，在他们看来，两种类型的客户在不同的渠道上，开发成本会有所不同，客户获取率也存在差别，而这都是影响客观衡量客户潜在价值的关键因素。

再举一例来深入介绍消费者的潜在价值。

开发A、B两种不同渠道的客户，根据历史资料，这两种类型的客户第一年都为公司带来40万元的销售毛利。A客户是设计院渠道的客户，每拜访100个，业务人员差旅费用和礼品费用合计10000元，其中，只有1个客户能带来实际的销量，但客户流失率仅为0.5%；B客户是专卖店渠道的客户，每拜访100个，业务人员差旅费用和招待费合计5000元，其中有5个客户能达成交易，但客户流失率达到35%。假设现金折损率为5%，从性价比的角度，比较一下，谁能为公司带来更多的价值。

根据客户潜在价值公式，A类客户的潜在价值：

A类客户的潜在价值＝（同质客户的年平均初始毛利＋同质客户的终生价值）×获取率－每单位客户获取支出＝{40万元＋40万元×［99.5%/(1＋5%－99.5%)］}×1%－10000元/100个＝76263.6元

备注：

获取率指一定基数消费者的购买比例。

B类客户的潜在价值＝（同质客户的年平均初始毛利＋同质客户的终生价值）×获取率－每单位客户获取支出＝{40万元＋40万元×［65%/(1＋5%－65%)］}×5%－5000元/100个＝52450元

从渠道性价比的角度看，A类客户的潜在价值大于B类客户，在客户管理上应该投入更多的精力。

依据计算出客户的终生价值或者潜在价值，按照客户分类标准进行分类，据此获得每类客户的数量及客观衡量客户的终生价值或潜在价值，就可以预估公司未来的总体盈利能力，并预测相关指标。

第二节　客户分类管理是最经济的管理方式

早年做业务员对大客户、核心客户、小客户进行分类管理时，一直认为，客户的分类管理，核心是“抓大放小”，即将大客户、核心客户服务好，将资源向他们倾斜。直到亲身经历了一次惨痛教训后，开始重新审视客户分类管理，回归其真正意义。

2001 年，照明行业处于初步发展的阶段，当时在区域市场摸爬滚打。行业的高速发展、品牌支撑得力，加上勤勉和小聪明，分管的几个区域市场的销量风生水起，客户开拓质量也处在一个良性发展的轨道。当地很多建材批发商和门店零售商主动和我联系，当然也有一些不是照明行业的客户，希望能获得品牌的经销。

在众多希望加盟的经销商中，意向最强烈并且实力最强的老 F 成了备选客户。但年销售额过千万的具有十年的批发与零售经验的老 F，当时的主要业务集中在板材市场而不是照明市场，虽然都是建材大类，然而毕竟隔行如隔山，因而对老 F 的开发，态度一直比较谨慎。

最终是老 F 作为一名人际关系高手的特质打动了我：不定期与我交流其对灯具行业的认识；每当区域市场开会，他一定会过来学习；反复邀请我参观他管辖的门店和仓库，以展示实力。最令人感动的是，每次去拜访他，一定是车接车送，好烟好酒招待，还是小业务员的我感到受宠若惊。

正因为这人性的弱点，我在错误的时间做了个错误决定。

“有钱又愿意配合，又是建材行业资深客户，两种产品的经销完全可以配套发展！”在这样的想法下，老 F 成了我的经销商。作为基层业务人员的我，手头掌握的资源并不多，为帮助老F快速适应照明行业的发展趋势，我说服上级领导把当时的核心客户申请资格对老F开放，以为其提供资源和支持。按总部管理规定，原则上新客户是不允许纳入核心客户范畴的。当时我天真地认为，借助核心客户管理计划的专项费用和资源支持，老F的快速发展应该会更顺利。

老F很高兴，认为这么快就进入核心客户系统，是一件值得庆幸的事。我和老F前期配合非常顺利，让进货就进货，让开店就开店，让搞推广就找人搞推广。公司对核心客户不仅有特殊资源和政策支撑，而且也有销量、利润、市场推广力度上的要求，老F为了完成这些考核指标，也拼命地力争达到考核要求。然而，老F很多时候都是靠仓库的库存积压来勉强维持。其他核心客户则是合作了五年以上的老客户，他们具有的下线网点、推广经验、人员的产品经验、专项社会资源等都是老F所不能企及的，因而在这套进销存的消化系统里，即使在比较高的任务压力下依然能够自我循环。因此，在合作的第一年下半年，老F就开始显现一些疲态，年底，虽然销量考核指标勉强达标，但积压的库存让老F着实过了个郁闷年。

为弥补良心上的不安，第二年我继续给老F争取了核心客户资格，但老F显然还没有建立一套核心客户的系统，以完成核心客户所需要履行的义务，虽然有大把资源支持，苦于自身无法消化，以致在完成考核指标上疲于应付。因而，到8月份，老F主动提出终止核心客户资格的请求，转为最基础的零售商资格。随后不久，我因为业绩突出升了职，调到了其他区域。

两年以后，在一次公司的全国性零售商大会上，碰到了老F，此时的老F容光焕发，精气神十足，谈及做核心客户的那段时间，无限感慨地说道："多大的头，就戴多大的帽子，如果硬撑，你难受，我也难受！"

那次谈话之前，我认为老F能力有问题，但谈话后，开始真正思考客户分类管理的本质：客户分类不是歧视和放弃中小客户，而是给予不同基础的客户适合的权利与义务。

明白了这个道理，在客户分类管理上就不会犯冲动性的原罪。

如前所述，既然客户的分类管理是给予不同基础的客户适合的权利与义务，客户的分类标准就是需要落实的最基础工作。

正如第一节所说，客户的分类可以有很多种，很多企业进行客户分类的依据就是简单的销量标准。而实际情况是，客户的经营年限、客户流失的概率、客户所属的渠道、下辖网点的数量等因素，不仅会决定客户的价值，更决定了客户履行义务的能力。

怎样才能建立一个相对合理的客户分类标准呢，尤其是要建立一套比较科学的量化指标评估标准。一般来说，要分两步走，一是通过基础数据的积累，将评估指标进行优化；一是将评估指标代入客户分类总表中，形成最后的客户分类。

评估指标优化，指从哪个角度来分类客户，由于企业和行业的不同，分类标准存在差异，但单纯用销量分类客户的方式，已经越来越难满足客户管理的需求。这里将某些客户评估指标标准分享给读者（如表 7－1 所示），可以参照执行。

表 7－1　客户评估指标

核心客户	第一年	第二年	第三年	第四年	第 N 年
年度平均贡献利润额	20 万元	35 万元	60 万元	100 万元	……
年度平均流失率	35%	18%	7%	2.5%	……

以已获取毛利客户的终生价值为基础分类，将客户分为重点大户（1000 万元以上）、潜力客户（500 万元以上，1000 万元以下）、标准客户（100 万元以上，500 万元以下）、观察客户（100 万元以下）。

下表 7－2 所示是某企业以已获取毛利客户的终生价值为基础，提炼的客户分类标准。

表 7－2　客户分类标准表

	客户累计毛利（万元）	合作年限（年）	年度平均贡献利润额（万元）	年度平均流失率（%）	本年现金折扣率（%）	客户终生价值（万元）	客户分类
客户 A	212	3	60	7%	5%	760	潜力客户
客户 B	53	2	35	18%	5%	147	标准客户
客户 C	347	3	60	7%	5%	1243	重点客户
客户 D	175	2	35	18%	5%	487	标准客户
客户 E	69	1	20	35%	5%	181	标准客户
客户 F	85	1	20	35%	5%	223	标准客户
客户 G	133	4	100	2. 50%	5%	565	潜力大户
客户 H	381	4	100	2. 50%	5%	1619	重点大户
客户 I	264	2	35	18%	5%	735	潜力客户
客户 J	70	2	35	18%	5%	195	标准客户
客户 K	46	1	20	35%	5%	121	标准客户
……	/	/	/	/	/	/	/

很显然，这些客户的平均毛利贡献都要高于同类客户的平均水平，根据已获取毛利客户的终生价值公式可以确认，客户 C、H 为重点大户；客户 A、G、I 为潜力客户；客户 B、D、E、F、J、K 为标准客户。

在此基础上，分别制订针对重点大户、潜力客户、标准客户、观察客户的政策支持和资源投放计划。

第三节　用业务考核指标拓展储备客户的质量

完整意义上的客户管理，包括合作客户和潜在客户的管理。潜在客户作为合作客户的基础，在某种意义上显得更为重要。因为储备客户的质量，不仅决定了现实客户的质量，对于新公司而言，更是检验业务团队的试金石；对于成熟公司而言，储备客户的水准则决定了市场调整的步骤、业务人员谈判的筹码、区域市场管理水平等方方面面。没有完善的储备客户管理，就没有真正意义上的客户管理。

完善的储备客户管理的形成，需要一个长期的过程。但仅从建立储备客户关系管理的流程来说，很多方法和手段又是可以学习和复制的，下面从指标量化的角度，介绍储备客户管理两个阶段的推进方法。

正如合作客户存在分级一样，储备客户也存在分级，只不过合作客户的分级主要以真金白银的客户价值为基础，储备客户的分级更多的以资料的完整性作为分级的标准（在潜在客户的管理上，愿意将经营情况与企业分享，同时配合企业拜访频率的潜在客户，都可以视为优质潜在客户的条件之一）。这里介绍的储备客户管理第一阶段的方法就是“资料层递法”。

通常潜在客户信息会分列为很多项，对这些信息也会进行分类整理，在大类的分类管理上，潜在客户资料分为客户基础资料与拜访动态资料。客户基础资料通常包含三大部分——基础信息、关键人信息、经营诊断。一般来说，在客户基础资料没有收集完整的情况下，不会进行拜访动态资料的收集。

基础信息（如表 7－3 所示）的主要内容包括所属的销售管理单位、基础的销售情况、具体的物理位置，以及主要的联系方式，具体信息略。

表 7－3 基础信息表

所属销售管理单位			基础销售情况				具体物理位置				联系方式				备注
客户名称	大区	办事处	经营面积	现有品牌	终端位置	销售情况	省、直辖市、自治区	地级市、自治州	县、县级市、区	具体地址	固定电话	移动电话	传真	负责人姓名	

关键人信息主要包括所属的销售管理单位、关键人的身份信息、关键人的亲属信息、关键人的爱好、忌讳和性格特点，如表7－4所示。

表7－4 关键人信息表

所属销售管理单位			关键人身份信息				关键人亲属信息				关键人爱好、忌讳、性格				备注
客户名称	大区	办事处	姓名	联系电话	年龄	生日	妻子与子女	父母	岳父母	其他重要人	爱好	忌讳	性格分类	特殊信息	

经营诊断包括所属的销售管理单位、现状的经营优势、目前的问题和抱怨、可操作的机会，如表7－5所示。需要重点强调的是，对于可操作的机会，原则上要求销售人员至少列出3个以上机会，才会进行促成性的动态拜访。

表7－5 经营诊断表

所属销售管理单位			现状经验优势				问题和抱怨				可操纵的机会				备注
客户名称	大区	办事处	资金	渠道	人员	特殊关系	产品	库存	厂家支持	特殊恩怨	机会一	机会二	机会三	机会四	

通常会依据基础资料的完备性，将客户进行第一次的星级分类，原则上将所属销售管理单位基础的销售情况、具体的物理位置、主要的联系方式、关键人的身份信息、关键人的亲属信息、关键人的爱好、忌讳和性格特点、现状的经营优势、目前的问题和抱怨、可操作的机会等10大项内容各对应一个星，当这些信息储备完成后，就是所说的十星潜在客户。

十星潜在客户的管理建立在对业务人员日常拜访的考核之上，有时候，可能没有办法完全规定业务人员的行走路线，但完全可以将十星潜在客户的积累数量，作为评估业务人员日常拜访质量的重要参考。

需要强调的是，以建材行业为例，一个负责地级市的业务人员，考虑精力有限，通常潜在客户的总量，需要控制在10名以内，在十星潜在客户总量未达到10名时，不得再增加其他星级客户，这也可以作为其他行业的参考。在评分标准上，客户星数越低，权数越低，客户星数越高，权数越高。假设一个一星潜在客户对应0.1个点，依次递增，一个十星潜在客户则对应1个点，看看某个业务人员2014年12月十星潜在客户的得分。具体如表7－6所示。

表7－6　某业务员2014年12月十星级潜在客户的得分

客户星数	一星客户数量	二星客户数量	三星客户数量	四星客户数量	五星客户数量	六星客户数量	七星客户数量	八星客户数量	九星客户数量	十星客户数量	得分
权数	0.1	0.2	0.3	0.4	0.5	0.6	0.7	0.8	0.9	1	/
数量	0	3	2	0	2	0	1	0	0	2	10
合计	0	0.6	0.6	0	1	0	0.7	0	0	2	7.9

在十星潜在客户资料收集完整以后，至少可以开始对2名处于十星的客户进行拓展性接触。这就进入了客户管理的第二阶段，从潜在客户拓展进入了储备客户的开发，也是常说的五星储备客户的拓展阶段。

从潜在客户到储备客户，客户性质已经发生变化，客户接触标准也需进行相应调整，如果确有需要将潜在客户发展为储备客户，建材行业通常分为五个阶段，以某业务人员拜访数据为例，将这五个阶段演示如表7－7所示。

表7－7　储备客户开发的五个阶段

	一星客户	二星客户	三星客户	四星客户	五星客户
开发标准	预约	面谈/看样	签约	打款/进货	陈列/分销
客户数量	4	0	0	0	1

这五个星级开发的顺序，一定是从一星到五星，依序递进。允许跳跃式的发展，但原则上所有客户不能跳跃四星阶段。通过储备客户表，可以很直观地发现业务人员客户拓展的问题。如上述业务人员在储备客户开发上，预约客户形成了瓶颈，无法进入面谈/看样阶段。这很有可能是电话预约技巧存在问题，上级领导应该帮助该业务人员，并提供针对性支持。

第四节　客户拜访，不应该是“想去就去”

前三节着重概述了在客户关系管理中，客户的量化评判标准、客户的量化分类标准以及储备客户的开发流程管理。本节则侧重客户关系管理中客户拜访量化管理的介绍。

日常业务拜访，很多业务人员缺乏计划性，想去就去、想走就走，不知道为什么来，也不知道什么时候走，因此许多业务拜访反而成了经销商的烦恼。拜访之前无计划，拜访之后无总结，拜访时间无规律，这就是常说的“三无”人员。

要从“三无”变成“三有”（有计划、有总结、有规律），要做到一是拜访有规律，让经销商心中有数；二是拜访有内容，让自己心中有数。

一、拜访有规律

拜访有规律，就是让拜访的频次有章可循。经销商知道你什么时候会来，就不会一有问题就给你打电话，而经销商心里有底以后，打电话也会分轻重缓急。除非有特别紧急的情况，否则不会打乱你的正常工作。一般来说，公司将客户分类后，都会有拜访客户的频率要求。每个业务人员服务的客户数量、客户等级不一样，在公司的拜访客户频率要求下，还需要根据自己对接的客户数量和质量，进行拜访计划的二次调整。

如某公司将客户分为 A、B、C 三类，A 类客户要求每周拜访 1 次，每天最多拜访两家；B 类客户每两周拜访 1 次，每天最多拜访 3 家；C 类客户每三周拜访一次，每天最多拜访 4 家。业务员甲共有 30 个客户，承担 500 万元的年度销售任务。全年以 52 周计算，剔除 4 周法定节假日（企业可根据自身情况确定），则业务员甲共有有效工作日 48 周 ×5 天 = 240 天。

表 7 –8　客户分类及拜访情况表

	数量	全年累计拜访天数	预期客均销售产出
A 类客户	5	120	60 万元/人
B 类客户	15	120	20 万元/人
C 类客户	10	40	5 万元/人
合计	30	280	650 万

显然，业务员甲全年的工作时间达不到拜访需要的累计天数，预期的销售产出也大于年度任务，因此，在确保总部要求的拜访频次下，应该调整业务员甲管理的客户数量。

调整客户数量的原则是首先与业务员沟通，在确保销售额和拜访频次的要求下，可以由业务员自身做出调整，遵循的基本原则是：

累计拜访天数略小于有效工作天数，销售产出略大于销售任务。

调整后，业务员甲的年度工作总量如表 7 –9 所示。

表 7 –9　年度工作总量表

	数量	全年累计拜访天数	预期客均销售产出
A 类客户	4	96	60 万元/人
B 类客户	12	96	20 万元/人
C 类客户	4	16	5 万元/人
合计	30	208	500 万

最后，业务员甲依据年度工作总量表再制订详细的拜访客户的月度计划，以落实到每一个客户身上。

二、拜访有内容

所谓拜访有内容，就是常说的拜访要有目的性，原则上每次拜访客户都应该拜访记录可追溯、拜访总结可回顾。基于这个原因，通常将拜访客户的流程分为三大部分：拜访前、拜访中、拜访后。每个部分都有对应的标准流程或内容进行检视，这也是常说的拜访客户 SOP 标准流程。

即使行业不同，拜访客户流程大体也是一致的，很多企业在推行客户拜访 SOP 时，发现效果不好，重点在于标准化的流程会形成大量的资料和数据的记录，如果没有一个适合企业的 IT 系统及时将资料进行处理，形成直观的图表，并根据企业情况进行不断优化，这样的 SOP 很容易流产。所以说，SOP 不是不好，而是执行很难，因为很少有本土化的系统来进行支持，这是另外一个话题，就不深入谈及。

为了让大家对拜访客户流程有更准确的记忆和使用，这里特意将拜访的三个阶段所需要做的工作编成顺口溜，以便不遗不漏。

拜访前：“上表人物”

“上”：回顾上次拜访；

“表”：准备拜访表格；

“人”：预约拜访客户；

“物”：准备拜访物料。

拜访中：“想说看做记”

“想”：拜访目的和流程；

“说”：寒暄与关键信息沟通；

“看”：发现生意机会；

“做”：动手改变可以改变的地方；

“记”：快速记录关键信息。

拜访后：“总理调控”

“总”：总结拜访过程；

“理”：理清拜访资料；

“调”：调整相关计划；

“控”：控制输出结果。

整个拜访计划和过程如图 7－1 所示。

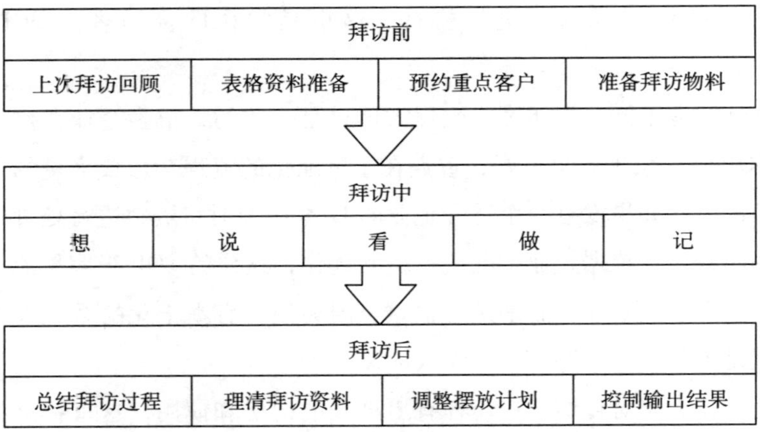

图 7－1　客户拜访的三个阶段

第五节　案例：1—7 月客户变更关键信息总结报告

一、家居终端数量的发展

新增终端对新增销量贡献比例在 1/3～1/2**，原有客户的增长放缓，如图** 7－2**、表** 7－10 **所示：**

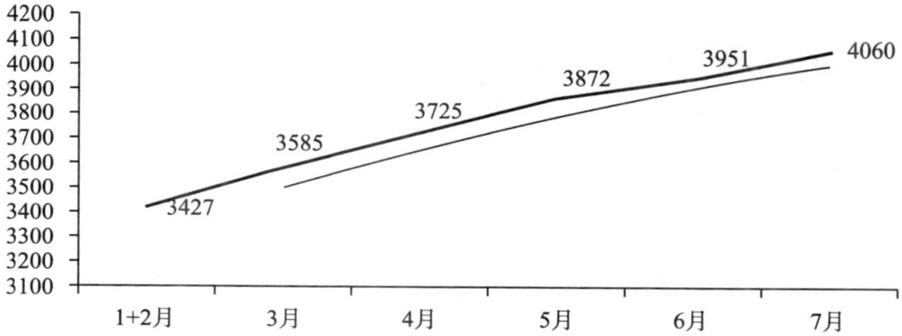

图 7－2　家居终端数量发展趋势

表 7－10　新增数量情况表

月份	旗舰店	复合店	专卖店	专卖区	专卖墙	普通终端	合计
1＋2 月	26	197	1224	1320	390	270	3427
7 月	41	302	1384	1510	473	350	4060
新增数量	＋15	＋105	＋160	＋190	＋83	＋80	＋633

家居终端发展等式：

3427（**终端基数**）＋535（**新增终端**）－185（**撤销终端**）＋283（**补报终端**）＝4060（**目前终端**）。

新增和撤销相抵后，家居终端数量以平均每月 50 家左右的速度增长，预计全年新增终端 600 家，由于新增终端主要集中在复合店、专卖店、专卖区，故以每店年销售 24 万元计算，全年新增终端带来的销量，保守估计应该在 1.4 亿元～1.8 亿元。如果能够完成全年任务的话，老客户销量增长在 3.5 个亿左右，客户实际销售增长率在 20%～25%，如果完成不了任务，老客户增长率可能仅为 15%。相比去年核心客户 55% 销售增长率，销售增速放缓，这是目前面临的主要问题。

二、新增终端应以空白县级城市和乡镇为主

在新增的 535 个终端中，1/3 的终端属于在同一区域增加网点，其中，以武汉办事处最为典型，除乡镇网点外，新开发的 21 个终端全部为同一区

域增加网点，这也是目前客户投诉武汉办较多的主要原因，一定程度上影响了短期销量（11 个以同一区域增加网点为主的办事处，平均完成率仅为 89.5%）。21 个以开发空白城市和乡镇为主的办事处 1—7 月完成率达到了 96%，说明空白市场的开发能够发掘高增长的潜力和维持高增长的速度。截至 2014 年 7 月 31 日，全国县级城市 71% 的覆盖率来看，进入空白县级城市和乡镇的力度仍需加大，这也能在一定程度上缓解销售压力，如图 7－3所示。

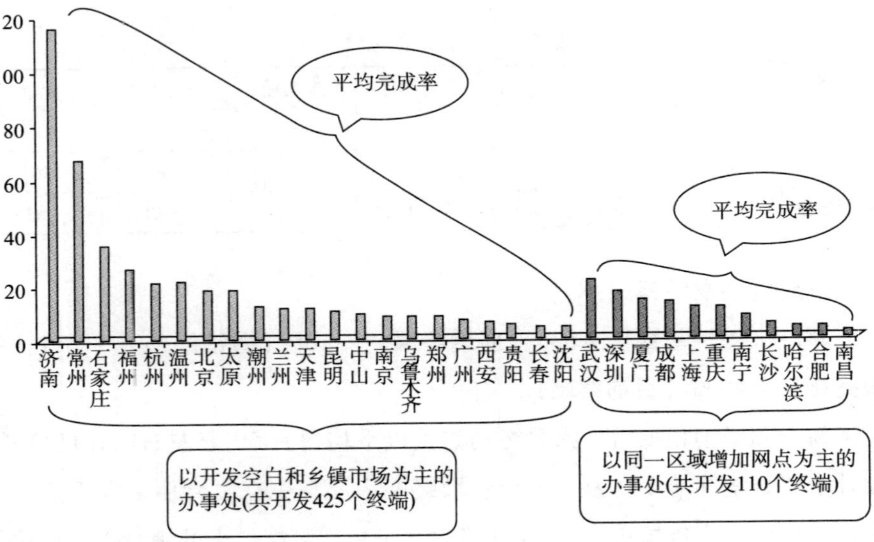

图 7－3 新增终端的分布情况

三、小型终端的主动流失率，源于销售流量的不足

在撤销的 185 个终端中，冗余客户（6 个月以上没有交易记录的终端）的清理占到近 60%。在 25 名主动放弃经营 OP 的客户中，有 4 名为经营资格转让（有 1 名核心客户因自己开厂退出经销商队伍），其余 21 名均为月销量在 1 万元以下的非核心客户，因市场拆解而主动放弃。在成熟产品以流量制胜的大趋势下，月销量在 1 万元以下的小客户的存活空间越来越小，

以公司目前4000个终端计算，平均每个销售终端的年销售额应该为37.5万元，年销售额低于12万元的小型终端，在日后的主动流失率可能还会增加，如图7－4所示。

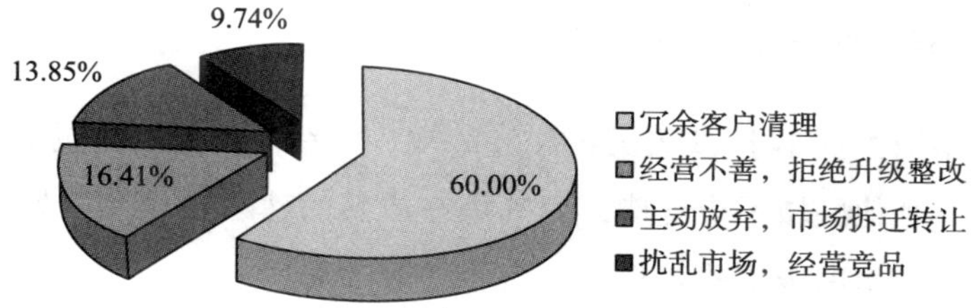

图7－4　小型终端的主动流失率

四、市场建议

（一）从渠道营销转为消费者营销

通过新增网点提升销量的潜在威胁在于，新增网点只能增加蓄水量，而无法加速水的流动，蓄水总量总是有限的，而水的流速却可以任意调控。这是从渠道营销转到消费者营销的必然要求。目前的促销形式以渠道促销为主，对消费促销的实施、监控和效果评估难度较大，这也是导致销售放缓的主要原因。从渠道营销转到消费者营销，首先要解决两个问题：一是如何确保促销利益通过渠道送达消费者；二是如何有针对性地向消费者投放促销信息。这是目前希望通过淘宝商城项目来尝试解决的问题。

（二）优先开发空白县级城市和空白乡镇

从去年底67%的县级城市覆盖率，到截至2014年7月底71%的县级城市覆盖率，空白县级城市的开发已经处在一个瓶颈期。空白市场的客户开发，基本处于一个自然状态，办事处出于对当地经济的考虑都有较大的畏难情绪，而更愿意在已有市场进行客户调整和新增，这种情况在西部和北部办事处更为明显。空白市场和乡镇空白网点的开发，无疑是解决短期销售压力的一个方法，也有利于在市场上抢先占位。尤其是贵阳、昆明、哈尔滨、长春、沈阳、海南等地，县级城市覆盖率徘徊在60%左右，作为中小办事处，空白市场的开发，对后期的稳健发展至关重要。

（三）在成熟市场，提高客户准入资格

对于年销售额小于12万元的小型终端，除在落后的空白城市和乡镇允许设立外，其他区域不予支持，尤其是在成熟的建材市场和区域，原则上不同意设立专卖墙级别的客户。

第八章

用数字化指标做好社区推广

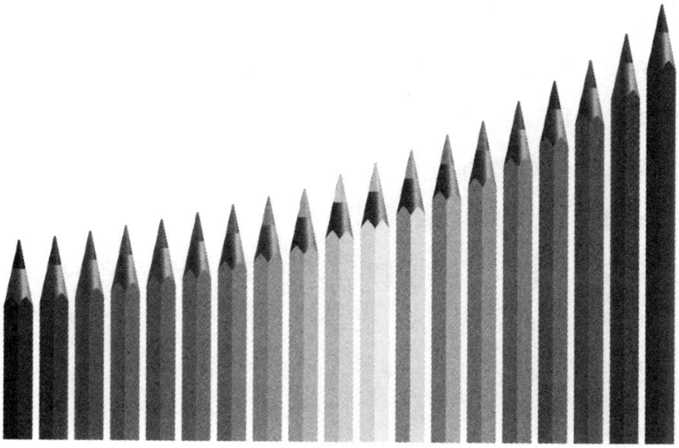

国内早期的销售人员瞧不起市场推广人员，认为推广是花架子、假把式，中看不中用。经过这些年的市场教育，市场人员的地位开始提高，越往高层管理发展，市场出身的人员比销售出身的人员越有机会晋升。但某些市场人员不注重自身技能的积累和培养，做事既没有方法，又不愿像销售人员那样：有销售指标，成天胡吹乱侃，自然越发让人瞧不起。周星驰的《回魂夜》中，对死和七窍流血这样表述："七窍流血是七窍流血，死是死，这是两个完全不同的概念，千万不要混淆啊。"我觉得这也可以看作是对"销售"与"市场"两个概念的另一种诠释，也给那些不注重市场推广技能积累的市场人员提个醒。

经过自 2010 年至今的一轮网购热潮后，即使是电商大佬们，也在思考完全去终端化的电子商务是不是消费者真正的需求？是不是将我们与消费者距离拉得更远？是不是解决最后一公里仅仅是物流和快递的事？当 O2O 热潮再度来袭的时候，我们一方面要防止自己陷入过度神话 O2O 的尴尬境地，另一方面从传统渠道的社区推广上学习、提炼和总结操作手法，是避免 O2O 落入虚无主义的最好方法。

至今，应该还没有人认为线上可以完全替代线下。互动、互学、互助已经是线上线下最好的交流方式，传统市场推广中的很多精华还需要我们细细消化，社区推广就是其中一例。

第一节　一个萝卜一个坑，推广到底多少人才合适

首先要明确的是，在社区推广中，推广的目的很多时候是为销售服务，这是用量化指标管理推广计划的前提之一。在那些以推广品牌为主要目的的社区活动中，由于目的量化本身难度比较大，所以对手段的评估也比较难，这是小区推广费用出现黑洞的主要原因。而对于以销售为目的的

社区推广，由于目的清晰，所以在方法和手段上也更加容易量化，所以也成为我们评估的重点。

确定社区推广人数，一般也分为两类方法：一种是销售指标法；另一种是费用指标法。

一、销售指标法

如果是纯粹的销售指标，计算起来的难度也比较小，唯一需要确认的是，影响销售指标达成的经验数据如何获取。

例如，要在7天内达成社区推广5万元的销售目标，需要招聘多少临促人员合适？

如果只根据这些数据做出人数的判断，条件是缺失的。这与我们在数据量化上经常强调的经验数据与非经验数据的积累并重，也是相互矛盾的。

要知道这个结果，还需要积累的经验数据包括小区消费者获取率指标、人均客单价指标、人均日拜访户数。

7天内要达成5万元销售额，核心取决于目标市场的容量与我们的获取能力。如果从积累的经验数据来看，这样类型的小区推广，消费者获取率为1.5%，我们推广的产品客均单价为1500元，要实现5万元的销售目标，则需要：

目标销售额＝接触的目标消费者数×消费者获取率×客均单价

接触的目标消费者数＝5万元/（1.5%×0.15）＝2223人（户）

换句话说，推广的小区所下辖的（人）户数不少于2223（人）户，如果按小区入住率60%来计算的话，实际需要小区下辖（人）户数不少于3705（人）户数。如果按不低于600人/小区计算，则需要实际联系的小区数不少于7个。

再根据人均日拜访户数100（人）户数计算的话，注意，这里所说的日拜访户数指的是实际有效接触的户数，我们通常用三个指标来衡量：见到户主表达了销售意图，实现了真正的销售，其中不包括那些拜访不遇的情况。

因为考虑实际的推广天数为 7 天，则 2223（人）户数需要在这个天数完成全部接触，则：

实际需要的推广人数 =（接触的目标消费者数/作业天数）÷ 人均日拜访户数 =（2223/7）÷ 100 ≈ 4（人）

所以从销售指标算出人数的方法需要三个条件：一是积累的经验数据（小区消费者获取率指标、人均客单价指标、人均日拜访户数）；二是计算出目标小区市场的容量；三是可执行的推广天数。

二、费用指标法

在其他相关推广条件上，如果从费用指标来判断，实际需要推广活动人数要和经营的利润挂钩。

例如，为辅助经销商的店内推广计划，实现 15 万元的销售目标，社区推广分摊了 5 万元的销售目标，推广产品整体倒扣毛利 20%，也就是 1 万元。经销商希望在不亏损的情况下招聘临促人员进行小区推广，如果招聘临促人员，每天每人费用 60 元，社区进场费用每天每场平均 100 元，推广物料费用 1000 元，社区推广的消费者获取率维持在 1.5%，临促的提成为 1%，整体活动仅仅持续 7 天。在人员招聘和费用投入上，应该如何规划才是合理的？

费用指标法可以参考销量指标配备法的计算，也就是用实际的各类费用的实际支出与实际的毛利扣点的比值，确认人手销售目标，再与总目标进行比较，确认人数。但这里销售目标的确认需分两步走：第一步是消化固定费用需要承担的销售额；第二步是消化人员变动成本需要的销售额。

首先，消化固定费用（社区进场费 4900 元、物料推广费 1000 元）需要实现的销售额。

分摊固定费用需要的销售额 = 固定费用/（销售倒扣毛利 − 销售提成点位）=（4900 元 + 1000 元）/（20% − 1%）= 31053 元

其次，分摊人员变动费用所需要实现的销售额。

分摊人员变动费用的销售目标 = 目标销售额 − 分摊固定费用的销售

额 =50000 元 −31053 元 =18947 元

人均基础任务（变动费用部分）= 人均固定费用支出/(销售实际倒扣毛利 − 销售提成点位) =60 元 ×7 天/(20% −1%) ≈2211 元

实际可以招聘的人手 = 分摊人员费用的销售目标/人均基础任务 = 18947 元/2211 元 ≈9 人

人均实际销售目标（整体费用部分）= 最终销售目标/实际可以招聘的人手 =50000 元/9 人 ≈5556 元

可以看出，如果用费用指标法计算的话，而推广只涉及人员的固定投入，可以一次性计算出人手。但是，如果涉及其他不可分摊的固定投入，如物料费、进场费等，要满足利润指标，则需要将固定费用分摊和变动费用分摊的销售额进行切分。

第二节　推广人员的工作量如何确定

有人说，如果在销售过程中把销售人员管得太死，反而不容易得到好结果，所以放羊式的销售管理在营销“实战界”是比较盛行的，这也是国内营销一直对量化不够重视的思想基础。其实，这里有一个明显的漏洞，所谓“太死”，也是一个无法衡量的词，多少叫“太死”，多少叫“不死”，谁也说不出一个原因来。所以，销售管理到最后，变成了“龙王下雨打喷嚏——看心情”。

量化营销人员的每天工作本身确实有难度，但如果没有计划，完成销售目标的难度会更大。在临促人员中进行量化推广，其实是对营销人员量化推广的演练和试验，即先学会在小范围内管好推广人员的工作内容，为在更大范围内推行量化工作计划做些铺垫。

在社区推广中，招聘到合适的人手是第一步，如何把这些人手合理管理起来、充分利用起来却又是一回事。很多招聘的临促人员其实都是在校大学生，如果这些人在进入社会之前没有接受社会实践，对工作内容的理解会模棱两可、似是而非，到时他们会觉得在学校学的东西没有用，因为根本就用不上。

用方法和套路来管理临促人员，不仅仅是为达到销售目标而执行的，更是为我们培养未来的销售人才，让他们有更严谨的销售态度。

临促人员与销售人员的管理在某种程度上是一致的，我们前面介绍过的"三量"工作法也适用于推广人员工作计划的安排。

所谓"三量"，实际就是首先确认每个人的总工作量，其次确认可以利用的时间量，最后确认日均工作量，以跟进推广进度。

与销售确定的方法一样，推广工作量的确认也分为推广型工作量和销售型工作量。

一、推广型工作量法

推广型工作量法，其实就是以动作达成为主要目的的推广方法，侧重于推广动作的标准性、推广内容的完整性、推广过程的可控性。

还是沿用第一节的数据，如果要拜访完 7 个小区，每个小区 600 户，要求临促人员敲门率 100%，入户数 50%，送达"开门见喜"装修红包率 30%，登记消费者信息数 20%，跟踪到店率 5%，7 天共计划招聘 4 名临促人员，每天进行日报工作，请确认每天每个临促人员的工作量。

第一步：总工作量是敲门户数 4200 户、入户数 2100 户、派送"开门见喜"装修红包 1260 户、登记消费者信息数 840 条，最终到店人数 210 人。

所以人均总工作量分解为：敲门数 1050 户、入户数 525 户、派送"开门见喜"装修红包 315 户、登记消费者信息数 210 条，最终到店人数 53 人。

第二步：人均工作时间量为 7 天。

第三步：我们要求以日为单位，检查临促人员每人的工作完成情况，每天敲门 150 户、入户拜访 75 户、派送"开门见喜"装修红包 45 户、登记消费者信息 30 条，最终跟踪到店人数 8 人。

社区推广人员工作量汇总表如表 8－1 所示：

表 8－1　社区推广人员日工作检查表（单位：户/人）

推广员：吴××	第一天		第二天		第三天		第四天		第五天		第六天		第七天	
敲门数	150		150		150		150		150		150		150	
入户拜访数	75		75		75		75		75		75		75	
派送红包数	45		45		45		45		45		45		45	
登记消费者信息数	30		30		30		30		30		30		30	
到店人数	8		8		8		8		8		8		8	

二、销售型工作量法

销售型工作量法是指以销量结果为导向的工作任务分配法，以推广成交为目的，分配每一个推广人员具体的销售指标，并通过经验数据分解到推广人员每一环节的推广动作，且这些动作一定指向销售结果，通过控制过程来控制结果。

仍以 5 万元销量为推广目标，到店实际成交率 19%，人均客单价 1500 元，拟计划招聘临促人员 4 名，在周边小区开展为期 7 天的推广，请确认临促人员的工作量。

如果以销量为目标，就需要用影响销售结果的指标进行倒推：

第一步：人均销售目标。

人均销售目标＝5 万元/4 人＝1.25 万元/人

第二步：每人日均销售目标。

每人日均销售目标＝1.25 万元/7 天＝1786 元/天

第三步：日均工作量。

日均工作量（进店人数指标）＝日均销售目标/客均单价÷到店实际成交率＝1786/1500÷19%＝7 人

如果登记 100 个消费者参与活动的信息，实际最后只有 25% 的人会真正到店，则需要临促人员每天必须要登记到 7 人×100×25%＝28 人

如果派送 100 个“开门见喜”装修红包，只有 67% 的人会接受信息登

记，则需要临促人员每天必须派送红包数 28 人 ÷ 67% = 42 个

如果入户拜访户数 100 户，只有 60% 的人会接受“开门见喜”装修红包，则需要临促人员每天必须入户拜访的住户数为 42 人 ÷ 60% = 70 户

如果敲门拜访 100 户住户，只有 50% 的开门率的话，则需要临促人员每天必须敲门的住户数为 70 人 ÷ 50% = 140 户

社区推广人员工作量汇总表如表 8 – 2 所示：

表 8 – 2　社区推广人员日工作检查表（单位：户/人）

推广员：吴××	第一天		第二天		第三天		第四天		第五天		第六天		第七天	
到店人数	7		7		7		7		7		7		7	
登记消费者信息数	28		28		28		28		28		28		28	
派送红包数	42		42		42		42		42		42		42	
入户拜访数	70		70		70		70		70		70		70	
敲门数	140		140		140		140		140		140		140	
销售额（单位：元）	1786		1786		1786		1786		1786		1786		1786	

以此类推，可以逐步细化每一个推广人员每天的工作量，以此确保销售目标的完成，其中，对于经验数据（敲门率、入户率、派送率、登记率、到店率等）的积累是将推广人员工作量进行细化的前提，因为每行每业的经验数据会存在差异，所以需要每个企业有一套相应的系统进行记录和完善。当日目标不能完成时，当天的总结一定要进行调整，甚至还需要准备一套所谓的 B 方案，以补充销量空缺。

第三节　导致推广计划失败的四大量化因素

有人认为，推广是销售的辅助手段，销售不是主要目的，所以用销售

指标来衡量推广的成败是没有意义的。也有人认为，推广就是让别人知道你，就是混个脸熟，推而广之，热闹热闹就够了。这些说法和观点并非完全没有道理，只是在现实面前，道理会输给了现实。

做销售的有个常用观念叫作："所有制度设定不能挑战人性，否则注定失败!"对于那些自认为"笑傲江湖"多年的销售人员，没有"紧箍咒"，还真难暂取真经。我们总结出最容易导致推广失败的四大量化因素，既是给"孙悟空上咒"，也是教"唐僧心法"。

一、结果量化不明确，做不如不做

推广计划的失败，很多时候都是以销售目标没有达成为标志的。对于很多没有销售目的的推广活动，即使已经失败了，而推广人员自身还无法察觉，这才是最可怕的事情。

以销售结果为导向的推广，重在结果的分解、资源的匹配、过程的考核，一步接一步，一环扣一环，这样的推广如果拿不到结果，多半是在小区推广容量的判断上出了问题。

最令人讨厌的是以品牌推广为目的的小区推广，很多公司都只订立展示要求、派单数量、核销要求等。这时就会出现我们常说的三种类型推广人员：第一种是尽量做到优秀的推广人员，他们会在小区推广时，注意小区的入住率、装修率、每个时间点的人流量等常规指标，并把他们记下来，作为以后各类型小区统计指标的经验数据；第二种就是合格的推广人员，他们会把公司要求做的事情做完，将小区帐篷和展台摆得漂漂亮亮，尽可能地派发完公司定下的DM数量，并拍照存档；第三种推广人员为了省事，会将展台和帐篷搭好，并尽可能从多的角度拍照存档。DM单顺便发两张，其他扔到垃圾桶，他们知道公司不会核查销量，只看照片，结果就把一次拍的多角度照片，冒充成多次推广活动的成果，报销推广费用，更有甚者还有造假临促人员签名骗取费用的。

文明社会中有人作恶，一定是制度出了问题。对于没有明确销售目标的推广活动，能不能积累有效的经验数据就是最好的指标。比如我们前面提到的敲 100 户门，有多少户会开门、有多少户会听你讲完你的目的、有多少户会接受你的邀请、有多少户会留下联系方式等等指标，都可以进行统计，达到一定量以后，通过函数处理，这些数据就可以成为某个区域某个类型小区推广效率指标的参考值。

所以，有销售目标的推广要以销售结果为导向，没有销售目标的推广要以经验数据的积累为导向。

二、推广对象不明确，推广人员行动起来还是一锅粥

做推广，甚至做销售的人都知道，做计划容易执行难，执行容易做标准难。市场的千变万化，推广对象的不确定性，导致在执行计划的时候，缺乏标准参照的强制性，使结果陷入更难控制的境地。

推广对象的标准是最难做的。即使是同一款产品同一个小区，目标受众的需求点也可能不一样。对于做计划的人来说，推广对象的标准制定其实是某一个共同点的描述，而不是所有特征的展现。

最典型的就是进了小区我们到底要向谁开展推广宣传活动？是不是这里的每个人都是我们的目标？这个答案显然是否定的。在推广中，常用来确定推广对象的方法居然是我们小学写记叙文的三要素：时间、地点、人物。

他是谁？还有谁能替代他做决定？（年龄、性别）

他会集中出现在什么地方？他还会出现在哪里？（家里、院子里、小区广场上）

他在什么时间最方便接触？还有哪些时间方便接触？（下午的装修高峰期、晚上的广场舞时间）

当推广计划能清楚回答这三个问题的时候，推广对象就非常清晰、立体了。

三、收集信息的方向和方法错误，最后结果一定错误

在这样一个信息充斥的时代，信息过剩在某种程度上，已经成为一种

负担。很多时候，我们无法分辨有用信息和垃圾信息，甚至花时间去收集大量的垃圾信息，过滤掉有用信息。像这样的情况，在我们推广计划的制订和执行中，也是屡见不鲜。

比如，做家居建材的企业在小区做推广，新楼交房信息是最重要的，很多人都认为需要通过物业收集已经交房的信息，托关系、走后门，千辛万苦弄到业主信息后，接着就一个一个打电话骚扰，既让业主不堪其扰，推广人员也在做大量的无用功。因为每个业主装修的时间各有安排，只有在客户进入装修时间后，才是我们推荐产品的最佳时机。而且通过此类不正常的渠道收集业主信息，涉及个人隐私，在某种程度上游走在法律与道德的灰色地带。

判断新房子有没有进入装修阶段，我们其实有更简单的办法。例如查看每户的水表和电表是否开始启动，如果新的水表和电表已经开始有一定的转数，这户就可以作为敲门的对象，或者门口贴着物业发布的装修许可证，也是可以作为判断业主开始装修的佐证。进入新小区后，推广人员先把水表和电表已经转动的户数登记下来，或者把贴有物业核批的装修许可证的房号记录下来，在未来这些数据都可以作为基础数据使用。

在小区的前期数据收集中，应该需要更多“脑洞大开”的时候，推广是一个需要想象力的岗位，抱残守缺是没有好结果的。

四、有了标准不落实、不校对、不总结

导致推广失败的第四个原因是有量化数据后不落实、不校对、不总结。在推广执行中，如果安排的敲门指标、入户指标、派单指标等，只停留在纸面上，那么所有的推广都不会有结果，而且因为不落实，销售结果不好反而会让“数据无用论”甚嚣尘上。

经验数据需要不断校对的原因在于，新小区的样本比旧小区更能代表业主的需求趋势和选择习惯。每到一个小区推广，就应该收集该小区推广的标配指标，将这些指标按一定标准分类，再用统一的计算方法对原经验

数据进行更新。

至于数据的总结，主要是对计划中数据设定的完成情况进行分析。一方面检视目标完成不理想的地方，调整不合理的因素；另一方面对完成比较好的数据，也应该进行检查，是不是某些情况已经发生变化，原来目标设定的方式是否需要相应调整。

第四节　可量化是社区推广快速复制的“关键先生”

无论何种企业，社区的品牌推广都是为解决最后一公里问题服务。在这最后一公里，如何将品牌信息、销售目标植入目标社区内，这是很多企业日思夜想、梦寐以求的事情。而要实现这样的目标，在于能否建立起一套可复制、可推广的量化计划指标，为推广活动搭好基本框架，将是社区推广快速复制的“关键”。

我们通常把社区推广的指标分为三个部分：社区推广前的信息收集指标、社区推广的过程控制指标、社区推广结果的校准指标。

一、社区推广前的收集指标

一场成功的推广离不开推广前的周密准备，其中前期围绕小区的调研、基础资料的准备、人员的调拨都属于这个范畴，而在制订的推广计划里面《推广小区信息表》与《有效社区推广经验数据参考表》是所有社区推广计划的基础和参考，在某种程度上也决定着推广计划的成败。

《推广小区信息表》是对目标小区基础情况的摸排，决定了小区的住户数是否足以支撑目标销量、成交概率及推广方式。信息内容主要包括容量信息、成交信息和公关信息三个部分，参考内容如表 8 - 3 所示：

表 8－3 推广小区信息表

旗舰店名称	小区名称	开盘时间	建筑面积（单位：平方米）	装修率（%）	物业联系人	联系电话	近 3 个月内是否有同类推广	可否摆帐篷	收费标准	可否入户宣传	能否投放广告	广告形式	收费标准
八益美×照明（同期销售额:20 万元）	鸿×花园二期	2010－10－30	11112.89	售罄，装修率 55%	成都鸿×置业发展有限公司	×××	否	可	300 元/天	可	可	横幅、喷绘	3500 元
	九×国际	2010－12－30	62000	售罄，装修率 45%	四川九×置业有限公司	×××	否	可	350 元/天	可	否	/	/
	双×忆景	2010－12－31	98669.06	售罄，装修率 50%	成都长×实业集团有限公司	×××	否	否		可	可	电梯贴、楼层贴	2000 元
	正成·双×格调	2010－6－30	45038.48	售罄，装修率 45%	成都市正×投资开发有限公司	×××	否	可	250 元/天	可	否	/	/
	海珀·香×	2010－6－30	97365	售罄，装修率 40%	上海绿×集团成都置业有限公司	×××	否	否	/	可	可	电梯贴、楼层贴、	3000 元
百特直营美×照明（同期销售额:32 万元）	中华名×三期	2011－6－30	193687.91	售罄，装修率 35%	成都武×置业有限公司	×××	否	否	/	可	否	/	/

续表

旗舰店名称	小区名称	开盘时间	建筑面积（单位：平方米）	装修率（%）	物业联系人	联系电话	近3个月内是否有同类推广	可否摆帐篷	收费标准	可否入户宣传	能否投放广告	广告形式	收费标准
百特直营美×照明（同期销售额：32万元）	正基·城×主场	2011－6－30	50505.19	售罄，装修率50%	成都正×置业有限公司	×××	否	可	350元/天	可	可	喷绘	1000元
	月×诚品	2011－9－30	85604	售罄，装修率60%	成都旭×房地产开发有限公司	×××	否	可	300元/天	可	否	/	/
	优×国际	2011－12－31	41802.6	售罄，装修率35%	四川优×投资实业有限公司	×××	否	可	300元/天	可	否	/	/
	龙×文苑	2011－12－31	45753.39	售罄，装修率45%	四川博×投资发展有限公司	×××	否	否	/	可	可	墙体	3500元
	中华锦×二期	2011－2－28	120000	售罄，装修率30%	成都武×置业有限公司	×××	否	可	350元/天	可	可	电梯贴、楼层贴、	3000元

有效社区推广经验数据参考表是社区推广计划的积累数据，它是通过多次推广总结后留下的经验数据，用以预估销量、分派指标、校准监督等，在社区推广中，常用的经验数据主要包括有效入户率、派单率、目标客户登记率、到店率、成交率、均单价等6个指标。具体的数据，需要根据行业的不同进行积累，如表8-4所示：

表8-4 某建材企业近3个月同类小区推广经验数据参考表

每100住户可实现的参考数据	有效入户数	派单数	目标客户登记数	到店数	成交数	均单价
	65	43	34	28	12	2100元

每个行业、每个企业都应该积累类似的数据库，用以判断在锁定的小区，能否实现目标销量，能否为小区推广提供可以执行的用户基数。

有些企业在进行社区推广前，还会对社区周边的（建材）市场情况、终端建设情况进行摸底调查，这将更有利于将准备工作做得更细。

二、社区推广过程的控制指标

一场活动推广进行中，本身就需要不断地进行纠偏和调整，避免最后一刻才发现目标落空。通常，我们会将《社区推广的关键指标体系》在《有效社区推广经验数据参考表》的基础上进行具体化，根据当次活动的目标，将6个小区推广指标加上敲门指标具体落实到每个人、每一天，然后根据具体指标，在每天晚上推广总结时，进行对照和比对，没有完成指标的，要协调资源完成或者考虑调整分配指标，大幅超过正常指标的，也应关注和细究。

仍以某企业某次小区推广具体控制指标为例，如表8-5所示：

表 8-5　××办 9 月××小区龙居推广日达成指标

日期	敲门数		有效入户数		派单数		目标客户登记数		到店数		成交人数		成交额（元）	
	目标数	实际数	目标数	实际数	目标数	实际数	目标数	实际数	目标数	实际数	目标数	实际数	目标数	实际数
第一天	100		65		43		34		28		12		2100	
第二天	100		65		43		34		28		12		2100	
第三天	100		65		43		34		28		12		2100	
……														

三、社区推广结果的校准指标

社区指标校准的前提是对社区有一个统一的、标准的分类，分类的维度大致可以分为以下四个：区域、小区户数、小区房价位、入住率。

区域通常是按城市等级分类：中心城市、省会城市、地级市、县城。

小区户数按住户数量进行分类：500 户以下、500 户～800 户、800 户～1200 户、1200 户～1500 户、1500 户以上。

小区房价位（元/每平方米）：3000 元以下、3000～5000 元、5000～8000 元、8000～10000 元、10000～15000 元、15000～20000 元、20000～25000 元、25000～30000 元、30000 元以上。

入住率：30% 以下、30%～40%、40%～50%、50%～60%、60%～70%、70%～80%、80% 以上。

在分类标准统一的情况下，社区推广结果的校准指标主要是对《有效社区推广经验数据参考表》的相关数据进行校准，也就是我们说的那 6 个指标，以均单价为例，进行相关说明。

小区分类标准：地级市住户 500 户以下、房价在 3000～5000 元，且入住率在 60% 的小区。

更新参考经验数据一般采用总体平均数的估计值进行计算，原则上是取近期30次的推广实际数据作为依据。总体平均数的估计值计算方法，有兴趣的读者可以参考《用数字解放营销人》第十章第二节的《客均单价的经典模型》内容。

最后将数据填入社区有效推广经验数据参考校准表，如表8－6所示。

表8－6　社区有效推广经验数据参考校准表

	推广前参考经验数据	此次推广实际数据	更新后的参考经验数据
均单价	2100元	2823元	2315元

第五节　案例：建材品牌社区推广总结

一、活动概述

活动地点：水岸华庭、锦绣花城、书香名邸等三小区。

活动时间：2008年9月9日－9月15日。

活动主题：好灯、好光、好生活。

路演主题借小区推广，迎中秋晚会，极大地宣传了品牌。

活动的目标设定：

销售目标：活动期间9－15日销售8万元

辅助目标：

（1）结合绿照和灯具推广，对蓝海行动进行实操演练，理论结合实际培训新员工，同时为初期业务人员的市场推广经验打下基础。

（2）借助此机会对终端进行一次全面的生动化布置，促使客户能全面执行终端的执行标准。

（3）借助此次促销活动，全面拉动该地域终端的零售销量，全面提升在当地的品牌形象；对当地经销商进行蓝海行动推广模式的培训以及实际操练，从而改变坐商观念，树立行销目标。

活动参加人员明细：

总指挥：刘××

大队长：周×

其他参战人员：31 人（名单略，总部实习生及经销商人员）

二、活动执行情况详述

活动效果评估如表 8－7 所示：

表 8－7　活动效果评估

搜集楼盘数量	接触人群						费用情况		销量
	泥水工	木工	漆工	电工	业主	实际购买户数	公司承担	终端支付	
3	/	/	/	/	158 户	20 户	3000 元	15830 元	121739 元

备注：

1. 对搜集的楼盘信息按照轻重缓急程度进行分类

（1）现时进入阶段（团购＋小区常态推广＋样板房或小区服务站）；

后续水岸华庭附近多个楼盘正在建设，通过了解得知在 10 月份交房，建议在此小区附近建设社区服务站。

（2）跟进阶段（在具有销售话题意义的核心销售日，进入小区进行常态推广，或进行人员跟进扫楼动作）。

对锦绣花城、书香名邸进行常态推广并组织团购。

（3）后期攻坚阶段（可根据实际情况，与房产开发商或建材类其他品牌联合操作，主要是抓开盘日、交付日、装修高峰期等几个核心关键点）。

在水岸华庭 10 月交房后，可联合马可波罗等品牌与开发商接洽商谈样板房的建设。

2. 通过投入产出比，从量化指标上予以评价

（1）此次活动，投入费用共计 18830 元，其中公司申请 3000 元，经销商出 15830 元。

（2）经过三天的活动，销售现金 55739 元，普通订单金额为 13 单×2000 元/单＝26000 元，工程订单金额为 4 万元，合计为 55739＋26000＋40000＝121739 元，公司费销比为 121739/3000＝4060%

3. 体现出有效的入户设计套数；

共计有 20 户业主选择购买了××产品。

4. 列出物料使用情况；

经销商制作宣传单页 5000 份，发出 4900 份。

经销商购买电磁炉 6 个，电压力锅 10 个，净水器 8 个，榨汁机 6 个。

活动所接触的楼盘信息（须对所有楼盘信息进行分类、归整），如表8－8、表8－9所示。

表8－8　活动所接触的楼盘信息（一）

城市名称	楼盘名称	小区类型	房屋类型	房均价	总户数	售出率	装修率	小区门店租金
××市	水岸华庭	商品房	毛坯房	2000元	900户	90%	25%	无
××市	锦绣花城	商品房	毛坯房	1800元	1200户	100%	30%	无
××市	书香名邸	商品房	毛坯房	1800元	600户	100%	25%	无

表8－9　活动所接触的楼盘信息（二）

房产开发商			物业公司		近3个月同类小区推广情况	同类小区推广均单价	操作建议
名称	联系方式	当地排名	名称	联系方式			
/	/	/	禹×物业管理服务有限公司	郭× 13835××4108	雷×（详情见附件）	2335元	附件（略）

备注：

（1）“城市名称”指新楼盘所在地（市或县）；

（2）“小区类型”填写“单位分房”或者“商品房”；

（3）“小区门店租金”是指小区门店的每月租金，主要是用于后期考量社区服务站的操作性；

（4）“同类小区推广均单价”是指小区业主的平均消费能力；

（5）“操作建议”是指针对不同类型的小区提出自己认为合适的推广模式和操作建议；

（6）房屋类型填写“毛坯房”与“精装房”；

（7）楼盘信息表将用于建立全国新楼盘信息数据库（有单独的Excel表）。

活动销量细分如表8－10所示。

表8－10 活动销量细分

历史月均销量	当月活动开展前已完成销量	预热阶段销量（单位：万元）	开业团购高峰日销量（单位：万元）	活动后期销量（单位：万元）
5万元	2万元	6.4（9－12日）	4.5（13日）	1.2（14－15日）
注： 1. 促销活动时间：9－15日（开业日13日）销售现金55739元。 2. 订单：13单，工程项目1个。 3. 订单按2000元/单，预计金额为26000元，工程项目订单4万余。 合计：55739＋26000＋40000＝121739元。 备注：（终端对活动的整体执行效果的评价描述）。 经销商开始对搞活动不情愿，觉得不出效果，对活动没信心。经过这次活动，看到了小区推广的机会和潜力，信心大增，各方面配合也明显增强。此次活动从策划到执行，准备充分、执行到位，阶段性总结、分析做得全面、透彻，数据、表格一目了然，为此类活动的复制打下了良好的基础。如何能把这样的活动效果继续保持下去，对新老客户做好维护，是下一步考虑的问题。 经销商：××台湾灯饰李××，电话：13303×5500				

（一）活动“亮点”及“暗点”

1. 亮点

（1）通过此次实操培训，强化了办事处新老员工对户外推广标准和终端整改标准的掌握。

（2）此次蓝海活动结合小区推广全面提升××在当地的品牌形象，提高了经销商对品牌的信心。

（3）通过此次活动树立了该经销商的行销理念，激发了经销商的热情，提高了经销商的积极性。

2. 暗点

（1）对水岸华庭楼盘信息的准确性把握不够。

（2）路演当天在场群众较多，由于对人数预估不足，使得场地十分拥挤，使管理难度上增加。

（3）对其他品牌的户外推广活动估计不足，忽视了竞争对手，特别是由于雷×跟风，使得这次活动受到了干扰。

3. 活动成功经验分享

（1）事先准备较充分：采取集中扫楼 + 短信群发等方式，强化了对目标群体的宣传。

（2）现场安排秩序较好：由于分工得当，人员各司其职，整体井然有序，给消费者营造出大店、好店、品牌店的形象。

（3）团队精神佳：通过这次活动，店面各级人员之间配合默契，使导购学到了推广知识，使经销商提高了销售积极性。

4. 活动中存在的问题及解决建议

（1）准备工作还不够充分，下次进行蓝海活动时，应将目标消费者提前一周就确定下来，很好地进行分类。

（2）活动结束后应对收集的客户信息加以分析、总结、跟踪，从而找到潜在客户。

（二）经典案例描述

前期的小区摸排，起到了至关重要的作用，特别是总部派来见习的大学生，他们充满激情、斗志昂扬、吃苦耐劳，如前期没有他们辛苦的付出，就没有这批团购消费者，也就没有最后漂亮的销售数据。

（三）对物料的使用情况反馈

经销商制作的 5000 份宣传单页发出去 4900 份。

（四）对目前的战术设计的建议

小区推广要多做，经常做，平时没买的消费者，很可能成为潜在的团购消费者。

三、活动期间其他品牌推广方式的接触、反馈（文字 + 相片）

活动期间其他品牌的终端促销活动（略）。

第九章

化腐朽为神奇的市场整改计划

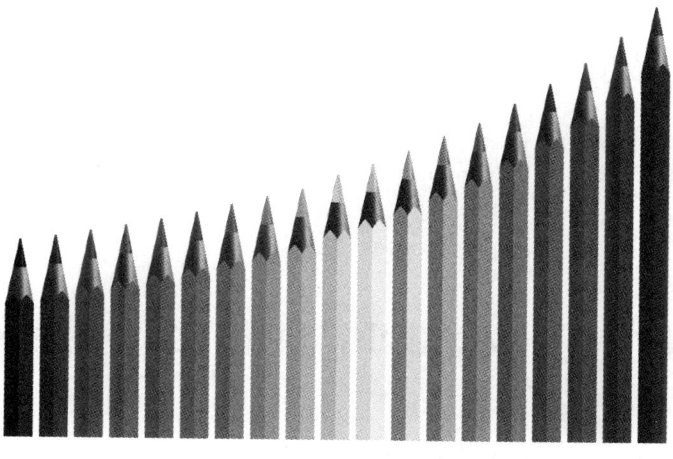

《喜剧之王》中的尹天仇对于小人物、小角色的理解有过一段表述："临时演员也是演员……虽然你们是扮演路人甲乙丙丁，但是一样是有生命，有灵魂的。"对于执行市场整改计划的业务人员，绝大部分都是基层销售人员和临时调拨人员，他们作业的努力程度和态度，可能会最终决定这个区域市场甚至企业的生死存亡，不要小瞧市场整改计划，就像不要小瞧临时演员一样，因为他们一样是有生命、有灵魂的。

区域市场的整改，是企业更换区域大将的最后一道防线。企业通过调集各方面资源，在特定时间内，派遣特定人员对问题区域和问题市场开展集中作业，实现集中解决问题、集中发现机会、集中力量办大事的目的。市场整改结果的好坏，直接决定了整改区域的生死、荣辱，同时整改也给企业带来了锻炼队伍、培养新人的最佳机会。

所谓"慈不掌兵"，只有所有参与作战的人员进入战斗状态，用最严苛的纪律要求他们、管理他们、引领他们，市场整改才能置死地而后生。

第一节　数据漏斗，快速找到整改对象

整改计划的第一步就是找出问题市场、问题客户、问题品类。但对大多数业务人员来说，面对一张数据庞杂的表格，也许还没开始看，脑袋已经晕掉了。另外，找到问题、找对问题是市场整改的基石所在，这一环节不突破，市场整改则将沦为整而不改。

本章节所提到的数据漏斗，就是告诉业务人员如何在纷杂的数据中，依据一定的标准和原则，通过层层渗透的方式，快速找到整改的关键环节。

对任何数据表格来说，数据漏斗都分为两步：第一步通过直线渗透，依据份额和均值原则，找到问题市场、问题客户以及问题品类。第二步通

过交叉渗透，依据份额和均值原则，确认问题品类的范围，是属于局部问题还是全国性问题？是个别客户问题还是全部客户问题？是某个渠道问题还是所有渠道问题？而最后漏下来的问题，就是我们整改计划需要调拨资源集中解决的问题。

数据漏斗的具体应用，我们以某公司的销售报表为例，进行分步骤介绍：

第一步：直线渗透（份额、均值）。

某公司2010年1－6月销售报表如表9－1所示：

表9－1　某公司2010年1－6月销售报表　（单位：万元）

区域	1－6月任务	1－6月销售	完成率	全年任务	全年进度	去年同期	增长额	增长率
华东	33132	31533.6	95.2%	85880	36.7%	23851.3	7682.3	32.2%
华南	21765	21269.5	97.7%	58091	36.6%	15351.0	5918.6	38.6%
华中	9526	17752.8	90.9%	52631	33.7%	13524.7	4228.1	31.3%
华西	17716	15690.8	88.6%	46784	33.5%	12312.2	3378.6	27.4%
华北	18306	15784.2	86.2%	50614	31.2%	12961.0	2823.2	21.8%
合计	110445	102031	92.4%	294000	34.7%	78000	24031	30.8%

以增长率为例，2010年上半年没有完成既定任务，从数据表面看，肯定是增长率未达目标。而增长率未达目标，依据均值原则，低于平均增长率的区域是首先要检讨的区域，这就将范围缩小到华北、华西。再依据份额原则，“能力越大责任越大”，华北相较于华西，任务占比更高，所以要先解决华北。

在以客户为承载体的渠道里，华北有问题，首先要找出华北哪个客户出了问题，因此展开所有客户增长率表格如表9－2所示：

表9－2　所有客户增长率

华北	1－6月任务	1－6月销售	完成率	全年任务	全年进度	去年同期	增长额	增长率
北京百×商贸	2364	2069.2	87.5%	6540	31.6%	1655.1	414.14	25%
天津昊×商贸	2849	2642.4	92.7%	7720	34.2%	2094.3	548.09	26.2%
石家庄×创	3132	2681.1	85.6%	8665	30.9%	2319.8	361.29	15.6%
包头大×市	1456	1007.4	69.2%	4030	25%	970.7	36.66	3.8%

续表

华北	1－6月任务	1－6月销售	完成率	全年任务	全年进度	去年同期	增长额	增长率
太原中×联盈	2042	1498.2	73.4%	5920	25.3%	1492.7	5.47	0.4%
沈阳明×电器	3449	3149.5	91.3%	9469	33.3%	2354.8	794.66	33.7%
长春星×峰	1525	1228.9	80.6%	4210	29.2%	1048.2	180.67	17.2%
哈尔滨×琦	1489	1507.5	101.2%	4060	37.1%	1025.2	482.22	47%
小计	18306	15784	86.2%	50614	31.2%	12961	2823.2	21.8%

仍然按照均值原则，低于华北平均增长率的客户有石家庄、包头、太原、长春四个地方的客户，按照份额原则，石家庄×创的客户任务比例最大，应该是增长不利的最主要问题。

石家庄×创是最大的问题客户，那从渠道的角度来看，是该客户的所有渠道都出了问题，还是个别渠道出了问题，再将该客户各渠道数据展开，如表9－3所示：

表9－3 石家庄×创各渠道数据

石家庄×创	1－6月任务	1－6月销售	完成率	全年任务	全年进度	去年同期	增长额	增长率
专卖店渠道	2742	2305.1	84.1%	7600	30.3%	2143.8	161.2	7.5%
KA 商超渠道	23	34.4	149.5%	65	52.9%	28.2	6.2	21.9%
五金渠道	180	186.8	103.8%	500	37.4%	90.5	96.2	106.3%
项目渠道	187	154.9	82.8%	500	31%	57.2	97.7	170.7%
小计	3132	2681.1	85.6%	8665	30.9%	2319.8	361.3	15.6%

仍然按照均值原则，低于渠道平均增长率的仅仅为专卖店渠道，且任务比例最大，石家庄×创的专卖店渠道增长放缓，是华北销售不达标的最重要原因。

再细化下去，石家庄×创专卖店渠道增长放缓，是全类目放缓，还是重点类目放缓？再将该客户销售类目进行细化展现，如表9－4所示：

表 9-4　石家庄×创产品类目细化

产品类目	2010 年 1-6 月销售	2009 年 1-6 月销售	增长率
家居灯具	1130	1306.6	-13.5%
光源	743.3	538.3	38.1
电器	431.8	298.9	44.5%
小计	2305.1	2143.8	7.5%

仍然按照均值和份额原则，可以发现，华北石家庄客户专卖店渠道家居灯具类目的增长形成了负增长，严重影响了销售结果的达成。

仍然按照原思路，是家居灯具的所有产品都拖累了增长，还是个别产品在形成累赘，我们将单品信息展开，如表 9-5 所示：

表 9-5　石家庄×创单品细化

单品信息	2010 年 1-6 月销售	2009 年 1-6 月销售	增长率
吸顶灯	343.5	510	-32.6%
镜前灯	214.1	220.2	-2.8%
护眼灯	229.6	218.2	5.2%
D 类商照	342.9	358.2	-4.3%
小计	1130	1306.7	-13.5%

显然，吸顶灯单品在主要渠道、主要类目的全面下滑，是华北石家庄客户销售不利的主要原因。

第二步：交叉渗透（份额、均值）。

通过第一步直线渗透，我们找到了吸顶灯产品增长放缓是关键的问题，我们再通过第二步的交叉渗透，确认吸顶灯问题是属于区域市场的问题，还是全国性的问题？是个别客户问题，还是绝大部分客户问题？为完成此任务，则需要将吸顶灯整体销售，先分区域进行展现，如表 9-6 所示：

表 9-6　吸顶灯销售列表

大区	2010 年 1-6 月销售	2009 年 1-6 月销售	增长率
华东	11710.97	8250.92	41.9%

续表

大区	2010 年 1–6 月销售	2009 年 1–6 月销售	增长率
华南	7458.58	5451.3	36.8%
华中	6469.93	4638.19	39.5%
华西	6578.15	4592.18	43.2%
华北	8027.37	5590.98	43.6%
小计	40244.99	28523.57	41.1%

从列表看出，吸顶灯销售下滑不是全国性的问题，华北区域的吸顶灯增长甚至还高于全国平均水平。下一步则需要确定，是华北区域哪些客户吸顶灯销售下滑导致华北成为重灾区，客户吸顶灯销售数据如表 9–7 所示：

表 9–7　华北客户吸顶灯销售情况表

客户名称	2010 年 1–6 月销售	2009 年 1–6 月销售	增长率
北京百×商贸	1093.03	919.71	18.8%
天津昊×商贸	1641.25	996.85	64.6%
石家庄×创工程	652.27	617.01	5.7%
包头大×市市政	375.41	241.96	55.2%
太原中×联盈贸易	698.53	536.09	30.3%
沈阳明×电器	1866.47	1170.95	59.4%
长春星×峰	705.67	475.37	48.4%
哈尔滨×琦商贸	994.75	633.04	57.1%
小计	8027.37	5590.98	43.6%

华北重点客户北京百×商贸、石家庄×创工程、太原中×联盈贸易吸顶灯增长低于华北整体吸顶灯增长，是华北区域整改的重点。再依据交叉渗透，界定三个客户是大部分渠道出现吸顶灯下滑，还是某些特定渠道出现吸顶灯销量下滑，三个客户全渠道吸顶灯销量数据展现如下表 9–8、表 9–9、表 9–10 所示：

表 9–8　北京百×商贸吸顶灯渠道销售数据

渠道类型	2010 年 1–6 月销售	2009 年 1–6 月销售	增长率
专卖店渠道	453.26	318.07	42.5%

续表

渠道类型	2010 年 1－6 月销售	2009 年 1－6 月销售	增长率
KA 商超渠道	329.09	272.36	20.8%
五金渠道	193.25	99.27	94.7%
项目渠道	117.43	230.01	－48.9%
小计	1093.03	919.71	18.8%

表 9－9　石家庄×创工程吸顶灯渠道销售数据

渠道类型	2010 年 1－6 月销售	2009 年 1－6 月销售	增长率
专卖店渠道	343.5	510.01	－32.6%
KA 商超渠道	23	11	109.1%
五金渠道	180	66	172.7%
项目渠道	105.77	30	252.6%
小计	652.27	617.01	5.7%

表 9－10　太原中×联盈贸易吸顶灯渠道销售数据

渠道类型	2010 年 1－6 月销售	2009 年 1－6 月销售	增长率
专卖店渠道	316.11	194.66	62.4%
KA 商超渠道	142.1	106.55	33.4%
五金渠道	137.48	168.27	－18.3%
项目渠道	102.84	66.61	54.4%
小计	698.53	536.09	30.3%

最后，依据交叉渗透的最后数据，确认华北地区北京百×商贸、石家庄×创工程、太原中×联盈贸易三个客户的项目渠道、专卖店渠道、五金渠道的吸顶灯销售下滑，是问题发生的“暴风眼”，也是市场整改要解决的关键问题。

第二节　市场整改，猛药也需有剂量

市场整改，对区域而言，似乎是资源投入越多越好；对总部而言，则是希望四两拨千斤，资源投入越少越好。对于确认整改区域、整改项目，如果没有标准，就容易陷入资源投入多与少的争论，而忽略了整改真正的目的。

有些“经验丰富”的区域业务人员，每到企业半年度，或者特定节点的考核阶段，为了争取更多资源，多半都会向总部领导大倒苦水，这也艰辛，那也困难，会争取把“贫困县”的帽子往自己头上戴。当然在完成销售任务的指标上，他们会采取“压线”策略，既不让自己成为被清除的对象，又要让自己成为需要挽救的小伙伴，平衡水平之高，有时不得不让人啧啧称奇。

既然如此，确立企业的市场整改标准，至少是某些通用标准，就成为必然。销售不好，只是营销问题持续恶化的表象化结果，腐烂的根子可能在库存、推广、网点建设上已经隐藏了很长一段时间，最后是以销售不达标的形式表现了出来。

如何让市场整改的费用不仅不成为“唐僧肉”，还能好钢用在刀刃上，这也考验着领导者的智慧。

当一切都有标准和原则时，所有讨价还价造成的时间成本的浪费，就能最大程度地压缩。而对于整改费用的投入标准，常用的方法是，将市场问题分级，并对每一级问题的整改标准进行细化，然后依据投入产出的原则，确定费用范围。

我们将市场问题分为四级：

一级推广问题类型：推广费用使用进度低于平均标准，推广产出低于预期产出。

二级网点问题类型：网点建设进度低于平均水平，网点建设的质量不达标。

三级库存问题类型：库存周转率低于公司标准，库存结构不合理。

四级人员问题类型：业务技能不达标，工作态度问题。

一般来说，最好解决的是一级问题，最难解决的是三级问题。对于四级问题，要么离岗培训、要么另作他用。

针对每级问题及类型，也会设置出不同的费用投入比例，费用投入的标准及原则如表9－11所示。

表 9－11　费用投入的标准及原则

等级	项目	问题	整改费用投入标准	备注
一级	推广	进度低于平均水平	以平均进度费用申请为上限	人员费用另计
		产出低于预期	执行一次完整推广所需的平均费用	/
二级	网点	进度低于平均水平	以平均进度费用申请为限	人员费用另计
		网点质量不达标	一个样板店装修补贴的 50% 为上限	人员费用另计
三级	库存	库存周转率低于平均水平	超出平均水平部分库存，库存额的 1/3 为上限	/
		库存结构不合理	窗口产品进货额的 20% 为上限	/
四级	人员	技能不足	培训计划	/
		工作态度问题	调岗或离职	/

在线下渠道的管理中，梳理问题市场的基本套路和路径是：区域销售不达标－查看区域年度推广费用使用进度－查看区域推广备案和结案－查看区域年度网点建设费用进度－查看区域终端建设的备案和结案－查看区域库存周转指标－查看区域库存结构指标－实地面对面人员走访。这是一个常规梳理的过程，也是一个发现问题的过程。

在整体市场环境不发生变化的前提下，常规整改对于企业而言，最有价值整改的市场是处于一级问题的市场，只有强化推广标准和整改力度，才能改变销售落后的局面。

对于产出低于预期的市场推广，整改主要是建立推广标准，一次完整推广示范就够，其中推广预算中包括人员费用，所以人员费用也不需另计。而对于推广费用使用进度低于平均进度的区域，由于市场活力不足、推广助销不够，通过整改来改变推广局面，也不失为一种选择，可以使总部投出费用适当放宽。

对于终端建设进度不及平均进度的区域，整改的费用应该适当控制，因为大多整改是在下半年度开始，而终端形象每年都有不同的版本，过多增加某一年度的终端，从某种程度上来说是一种浪费。对于下半年的整改，应以保持年初计划终端建设的进度为核心，而不应以增加数量为核心，所以终端整改不宜以增加预算的方式进行调整，而应以确保质量的基础上加快原计划进度。整改总费用应控制在年度装修预算范围内。

对于在库存上问题集中的区域，要予以重点关注，这也是费用投入最需要谨慎的等级。如果经销商销售不畅，且库存偏大，而推广费用和终端建设费用使用进度又正常，这时候区域市场的问题就比较严重了。要么会出现助销标准执行不到位的技能问题，要么会出现偷工减料有黑洞的态度问题。这种情况一般要进入实地面对面的了解，也就是列入第四级市场。如果是推广、终端、库存都存在问题，一般来说也是先按照前两项的标准投入费用，针对库存投入费用，其实已经是下下之策，也就是费用投入比较大的整改了。如果是经销制的问题，库存已经完成了买卖过程，实际上库存产权已经交割，企业进行整改资源投放，是战略上的，而不是责任上的。所以是否针对经销商库存进行费用的投放，首先要进行经销商终生价值的评估。

由于终生价值是对未来利益的预期，所以，当投入的费用小于预期利益 50% 的时候，都可以考虑进行费用的投入。

对于人员问题的市场整改，是市场整改的最后防线。当然，这里所说的人员调整，不仅包括销售人员的调整，有时也包括经销商的调整。进行市场整改是企业最不愿意看到的局面，也是最迫不得已的手段。

第三节　军事化管理：一切行为有标准

市场整改，是企业暂时将问题市场接管的非常时期，通常上级会委派专人进行现场督战。但是，在这“一域二主”的特殊阶段，容易造成区域人员思想混乱。如果管理上稍有松懈，问题市场就容易出现“树倒猢狲散”。所以，在整改计划中，强调作业标准和工作纪律，就显得尤为重要。

比如说，人员报到、晨训集合、集训例会时，有人迟到，该不该处理，如何处理？每日的晨训，有的业务人员“年老体弱”，完成不了这么大的运动量，该如何处理？集训例会总结时，有人没有完成当天的工作目标，又要如何对待？铁的纪律一旦建立不起来，这个临时性的团队随时都可能会有崩盘的危险。

从量化的角度上来说，强调标准和纪律，就是将行为动作细化、时间考核节点细化，以及相应惩处机制细化。对时间节点考核和惩处机制的细化就是要求每个企业都有自己的标准，这也是每个整改计划当中务必要有的。

整改的本质，其实就是将我们日常业务行为按标准重复做好。我们可以将整改需要量化的内容分为四个方面：推广形式的标准化、终端达标（质量及数量）、库存整改（总量及结构）、业务拜访 SOP。

由于整改标准涉及企业相关标准体系的建设情况，我们在整改中应把企业完善的各类标准体系进行介绍。

一、推广形式的标准化

推广形式的标准化首先是推广目标的标准化，建立一个可行的目标，并通过规范的推广方式达到目的，是提振落后区域的最佳途径。一般来说，落后区域的市场基础不及公司的平均水平，因此，在确定整改市场的推广目标时，应采用“就低不就高”的原则，在预估目标市场容量的基础上，通过推广公式和经验数据计算出来的预期目标，不宜过高，但要比前期推广结果有一个明显的提升。这个部分就会涉及**《推广经验数据积累更新表》**的建立。

《推广经验数据积累更新表》是目标销量的来源，也是工作量分配的参考。无论是门店推广、广场推广，还是社区推广，都离不开**《推广经验数据积累更新表》**。

二、终端达标（质量及数量）

终端达标分为质量达标和数量达标，质量达标其实就是检验终端建设标准是否符合企业终端建设规范，这里涉及企业的**《终端建设规范手册》**以及**《终端产品分销手册》**，而整个终端达标要依据这两个规范手册，对终端进行清理。

对于客户数量不达标的区域，需要将每个人每天的行走区域、需要拜访客户数量、需要收集的潜在客户资料、需要促成的客户数量进行分配，这里涉及**《客户拓展经验数据积累更新表》**，每个企业也应该建立这个经验数据的相关资料。

三、库存整改（总量及结构）

库存总量（分公司或者经销商的）涉及四个指标：安全库存、库存周转率、库存周转天数、库存投资回报。

库存结构也涉及四个指标：窗口产品、动销率、缺货率、订单满足率。

我们将市场整改中涉及库存的这八个指标，统称为**《库存效率与效益指标合并表》**（见表 9－12），库存整改计划也是针对这八个指标，确认整改内容和科目。所以，企业逐步建立这个合并表，既是对渠道库存的标准进行指导，在某种程度上又是为关键时刻压货做准备。

表 9－12　库存效率与效益指标合并表

总量指标	公式示范
安全库存	（日均出货＋日安全库存）×（订货间隔＋到货间隔）
库存周转率	销售成本/库存成本
库存周转天数	统计期天数÷（库存成本/销售成本）
库存投资回报	统计期毛利额/库存成本
结构指标	
窗口产品	SKU1、SKU2、SKU3、SKU4、……SKUn
动销率	规格动销率＝统计期间动销规格数/期末库存规格数 商品动销率＝商品累计销售数量/商品期末库存数量
缺货率	缺货规格数量/总规格数量
订单满足率	可满足规格数量/总订货规格数量

四、业务拜访 SOP

业务拜访分为三个部分：拜访前、拜访中、拜访后。

拜访前的“上表人物”涉及的规范主要有**《终端拜访记录卡》**、**《终端评估信息表》**。通过**《终端拜访记录卡》**回顾上次拜访的问题，准备应对方案以及此次拜访所需的**《终端拜访记录卡》**；通过**《终端评估信息表》**确认终端的现状和问题，确认沟通重点。

拜访中的“想说看做记”，可以归纳成以下五句话：想问题、说重点、看终端、做标准、记结果。除了涉及**《终端拜访记录卡》**和**《终端评估信息表》**，还有推广整改中涉及的**《终端建设规范手册》**以及**《终端产品分销手册》**，新增的拜访规范主要是**《终端七要素手册》**——分销、位置、陈列、价格、库存、助销、促销，这也是帮助终端逐一梳理问题的关键手册。

拜访后的“总理调控”，没有新增的行为规范，主要是针对此次拜访将**《终端拜访记录卡》**和**《终端评估信息表》**进行完善和总结，并在此基础上确定下次拜访目的。

第四节　案例：2014年度某企业“特种兵行动”计划

第一部分　计划实施背景

×××电器类O2O模式于2014年初开始构想，8月1日正式开始进入组织阶段，鉴于市场前期状况，业务开局部分计划从江浙沪鲁开始（第一步，重点拓展江苏），考虑到前期湖南市场已有部分网点，可以兼顾同步试点。

（一）客户数量

全国经销商××家，普通终端××家。

（二）渠道状况

除湖南外江苏有零售门店××家、广东有零售门店××家、河南郑州有零售门店××家。整体网点单薄，基础薄弱。江苏作为主要的照明消费市场，市场潜力很大，但竞争压力也大。

（三）销售人员状况

由于受前期经营思路的限制，线下传统的销售队伍基本没有成型，有一线销售经验的人员××人，应届毕业生××人。按前期××人“特种兵”队伍扩充，目前还有较大缺口。

所有销售人员都未经过统一培训，下一步进行销售行为的培训和销售模式的强化是工作重点。在销售思路完全确认下来后，进行销售人员业务模式的认知和宣讲的培训，有利于提高集中作业的效率，也为业务磨合打下了基础。

因此，从目前来看，无论从网络渠道建设、培育、人员培训等方面都还存在诸多问题，需要公司集中资源重点突破解决，使网络渠道、人员管理培训、类 O2O 模式市场操作思路、行销观念等方面迅速成熟起来。同时通过这一必要措施提升××电器市场气势，增强经销商信心，为完成公司各阶段目标打下良好的基础。

第二部分　计划实施的目的

本计划实施的目的有二：一是完善终端零售网点；二是突击培训，锻炼队伍。

既可以提高团队的战斗力和自学能力，同时也希望能在销售上迅速做出突破，给合作伙伴带来部分实际利益，以增强合作伙伴和业务人员的信心。

（一）网点

在今后一个较长的时期，普通终端的坪效和返单率将决定该业务模式能否继续生存。而决定坪效和返单率的关键因素，在于产品能否得到市场的认可，这对产品本身将是一个巨大考验；同时，在零售门店的终端形象投入费用受限的情况下，对终端助销物料的设计和使用也提出了较高的要求；业务话术和品牌背书作为零售的敲门砖，也会很大程度上影响终端客户与我们的合作意愿。对于零售，在筛选的基础上开展形象升级的策略，决定了前期集中作业时，开发网点的数量需要一定的基数，通过以省为单位，分区分片的方式，围绕主要竞争对手Q照明的现有网点周边进行比对性开发，通过半价上样、终端选型（快递直发）、无差别品质等三大优势敲开普通终端灯具门店的大门。

从以江苏为突破口的操作手法来看，我们以Q照明的客户资料为基础，将整个江苏分为四个辖区，即：镇南小队、苏无小队、泰南小队、徐淮小队。

镇南小队：所含区域南京地区、扬州地区、镇江地区。

苏无小队：所含区域苏州地区、无锡地区、常州地区。

泰南小队：所含区域盐城地区、泰州地区、南通地区及部分连云港区域。

徐淮小队：所含区域徐州地区、宿迁地区、淮安地区及部分连云港区域。

根据小队所辖区域，做好进店突破、上样落地、标牌和广宣物料的执行。由于普通消费者对产品和行业了解程度较低，而现场或其他的介绍又是影响购买的关键因素，所以店面人员的培训和交流就显得尤为重要。培训是为了让他们能更好地为×××电器零售服务，是基础；交流是为了让他们更愿意为×××电器的销售努力，是执行。在后一点上，要重点关注客情关系的处理，在某种情况下，店面一线销售人员的重要性比店面投资方的重要性要大。店面的投资方在初期决定了做什么，但怎么做，是否能做好，和一线销售人员有着极大关系，如果不能做好，投资方也会考虑合作是否继续。同时，在现阶段投资方做什么品牌，某种程度上是一种无所谓的态度，关键是能否有一个好的盈利。好则可以加大投入，更认真地做，不好则及时收手，退出合作。因此，在零售的操作上必须要注意客情关系。

为推进零售客情关系的发展，×××电器在结算平台上实行两套积分系统：一是门店积分管理系统，二是导购员积分管理系统。门店积分系统主要针对投资人（店主），每次推单形成的交易额 1 元兑换 1 分（由于有经销商环节，系统自动按收款交易额乘以 1.1 换算，形成对应积分），每 12 分可以抵扣 1 元现金，作为后期进货抵扣金。导购员积分管理系统按客厅大灯（20 元）、卧室和书房主灯（15 元）、其他灯具（10 元）的标准进行一月一兑换，以现金形式发放（业务人员代付现金或通过银行转账）。

（二）培训

培训的目的是要让合作伙伴和业务人员知道要做什么，按什么标准做，这是开展所有工作的基础。该工作能不能很好地完成，在某种意义上决定了×××电器能否打开终端观望的僵持的局面。培训中做两方面的工作：一是产品知识的培训；二是销售业务技能的培训。产品知识的培训是基础，技能的培训是执行工具。

从×××电器的现状看，目前相关人员（包括公司内部人员、销售人员、合作伙伴）的产品知识和业务技能都令人担忧，即整个团队还处于建设的初期，这和公司的目标任务有较大的出入。

在产品培训的过程中，将分为产品知识和产品基本应用两个阶段，现在的培训重点落实在产品知识（包括照明基本知识）。随着人员业务水平的提高和工作的深入，将在适当的时候，安排产品基本应用的培训。

业务技能的培训集中在实际问题的解决上，同时掌握基本技巧和基本营销理论，然后再做提高。

培训有专项考核，并将考核与激励机制、薪资挂钩，配合出台的相关管理和考核文件。同时，本次行动将会反复地强化、试用，要求业务团队在一个较短时间内快速适应、迅速提高。详细计划将在计划具体实施内容中说明。

第三部分　全国行动计划梯度推进时间表

全国行动计划梯度推进时间表如表 9－13 所示。

表 9－13　全国行动计划梯度推进时间表

第一阶段（筹备阶段）8月1日—10月1日			
区域	具体日期	主要工作	备注
中山	8月1日－9月1日	中山总部落实突击人员名单、IT订单系统能通过初步测试、产品打样和包装第一轮确认	具体见《第三部分部分》内容
	9月1日—9月15日	突击队人员进行集训（产品知识、销售话术），样品包订单的落实（30个），IT系统进入试运行阶段，招商手册的设计	**除××原有销售人员外，其他部门调入人员确认**
	9月15日—9月30日	完成招商手册的印刷、IT系统的操作培训、样品包入库、销售突破实地演练阶段、确认1名意向经销商、启动动员（誓师）大会	需注意作好各方面工作交接
第二阶段（实施阶段）10月1日—10月31日			
江苏	10月1日—10月15日	进入各区域集中开发网点	具体见《江苏集中作业出差线路》（略）内容
	10月16日—10月31日	部分被淘汰人员可直接撤离，评选阶段优秀小队长，大队长开始着手按此模版复制推进于浙江和上海，开始继续招募优秀业务人员加入，其他所属人员仍按照预先设定好的目标继续开展工作	需注意作好各方面工作交接
第三阶段（维护拓展阶段）11月1日—11月30日			
浙江、上海	11月1日—11月15日	浙江按江苏模式进行复制，确认江苏留守人员	具体见《江苏集中作业出差线路》（略）
	11月16日—11月30日	部分被淘汰人员可直接撤离，评选阶段优秀小队长，大队长开始着手按此模版复制推进于上海，开始继续招募优秀业务人员加入，其他所属人员仍按照预先设定好的目标继续开展工作	需注意作好各方面工作交接

注：整个行动时间推进需各方面注意协调，控制好节奏，中间如有变动以临时调整为准。

第四部分　计划具体实施内容

（一）筹备阶段

结合以上各行动地区时间进度安排，前期筹备工作主要从以下几个方面开展，具体见下表 9－14 所示。

表 9－14　前期筹备工作

时间	主要工作	负责人	备注
出发前	1. 各类营销政策文件、产品知识手册、各类作业所需附表、所有人员的联络表等文件资料 2. 广宣品、其他行动物料准备	销售负责人	各类作业附表详见计划（略）
9 月 15 日前	1. 所有参与本行动计划人员的确定，组建“特种兵行动”基本架构；明确分组责任到人 2. 行动区域内后勤支持人员确定 3. 外区域人员的食宿安排	副大队长	
9 月 15 日到 29 日	1. 结合行动地区市场实际情况确定行动期间各阶段目标（网点目标、返单目标、考核标准），同时对目标计划进行分解，责任到人 2. 目标任务分解可行性讨论，提出相应意见并最终确定 3. 确定各阶段考核指标（结合区域进行）	副大队长	详见《江苏集中作业出差线路》（略）
9 月 30 日	1. 行动计划实施前总动员：目标、意义、工作作风、纪律 2. 最后查漏补缺	大队长 副队长	

二、具体操作

（一）第一阶段：第 1 天

（1）全体人员到指定地点集合，“特种兵行动”大队正式成立。

（2）所有人员领取业务开展所必需各类营销政策文件、产品知识、销售技巧培训手册、各类作业所需附表、人员的联络表等文件资料。

（3）目标：人均 1 家普通终端/3 天，15 天为一个考核期，达不成目标者自动淘汰。

（二）第二阶段：第 2 天～第 30 天

（1）主推产品：两个系列 6 个 SKU。

（2）价格：门店到货价（门店指导销售价 = 门店到货价 ×2）。

注：

a. 返利方式是以积分的形式返还，可以在下次进货抵用现金，也可以在促销期享受更高比例的积分兑换。

b. 真正零库存和半价上样是此次行动的重要卖点，系统推单，一单一结的交易模式基本不会形成现金的挤占。

c. 全国价格体系保持一致。

（3）目标重点工作

具体如下：副大队长及小队长以开发潜在的区域经销商为主，但开发零售终端的任务指标不得低于普通业务人员。尽快建立经销商，并以此为支撑点，建立销售骨架。

（4）传统渠道

普通终端合作伙伴的装修级别可以根据实际情况确定，但省级经销商必须是保有 100 平方米以上的门店，目前有一定下线网点，而且以批发生意为主。注意解决以下问题：

经销商：

- 介绍 ××× 电器操作规划和对其利益点。
- 确认对方合作条件、态度及政策落实。
- 争取终端展示空间支持，前期主要承担出样后回款和推单职责。
- 明确意向合作关系、签订合作协议，并规范陈列明确价格政策、标价。
- 确定 ××× 电器业务的对接人员。
- 方案执行中困难的克服与总结。
- 客户信息资料统计、建档、拍照。

普通终端：

- 介绍 ××× 电器操作规划和经营利益点。
- 确认对方合作条件、态度及政策落实。

- 必须有终端展示空间支持，通过货款代收的方式进行样品发放。
- 正式明确合作关系和账户密码，规范陈列明确价格政策、标价。
- 确定×××电器业务的主推导购人员及账户密码。
- 方案执行中困难的克服与总结。
- 客户信息资料统计、建档、拍照。

（三）第三阶段：第 2 天～第 15 天

经销及普通终端的开发与管理维护。

结合上述目标，“特种兵行动”的 4 个小组进行明确的目标任务分配后，由小队长带队，初步熟悉梳理行动区域内专业市场，从行业内其他信息渠道推荐、筛选出的有合作意向的经销商，通过分析评估，最终确认出我方认为比较合适的客户，作为下一步发展的重点对象。

针对有意向发展的重点客户，通过各“特种兵行动”人员的跟进维护和特定政策支持，争取在现有政策下达成合作，对难度较大的客户，务必进行 7 轮及以上的客户拜访，并且每轮拜访前必须总结上次拜访问题和相应对策，一个问题一个问题解决，原则上要求，越往后拜访的人员，职务等级越高，需要总部人员支持的，应提前申请。

对于普通终端的网点开发，务必按照《终端网点开发手册》的技能和指引要求，完成分销渠道网络建设，同时通过前期市场培训和当下市场操作，为普通终端的开发和维护逐步走上正轨打下基础。

普通终端的每日开发必须建立客户档案，分星级存档，由小队长汇总，大队长或副大队长点评，留用下一轮客户开发。

（四）第四阶段：第 16 天～第 30 天

阶段性目标考核：完成第一轮人员考核，评选“优秀特种兵”作为储备，淘汰不合格人员。

各“特种兵”组成员分组进行对此次行动当中存在的问题进行汇总并

找出合理方法，需要撤离或淘汰人员需注意相关业务一对一的交接。

业务交接主要内容如下：

- 确认交接对象，尽量做到一对一交接。
- 所有网点拓展进度情况相关资料。
- 相关票据、文件资料的移交，需接受人最后签字确认。

人员的撤离根据情况而定，从第 15 天后就可能出现，“特种兵”大队长应该予以关注。大规模的人员撤离开始后，补岗人员必须在 3 天内到岗，开始与撤离人员对接，要做好交接工作。

注：该项工作由特种兵大队大队长直接负责，副大队长具体执行。

第五部分　人员组织架构职能

（一）前期人员组织状况

（1）从工厂抽调部分合适人员加入到“特种兵”队伍，充实人员。

（2）现有电商系统销售人员 × × 人。

（3）外部招聘合适人员。

（4）前期参加“特种兵”训练营人员。

（二）第三阶段（维护拓展阶段）人员组织状况

（1）前期参与该区域开发的优秀人员进行维护。

（2）其他合适人员。

（三）“特种兵行动”人员组织与职能

1. “特种兵行动”基本组织架构

“特种兵行动”基本组织架构（如图 9 - 1 所示）

2. 各职能岗位职责

集中作业人员成立“特种兵”大队，所有人员脱离原部门，行政及业

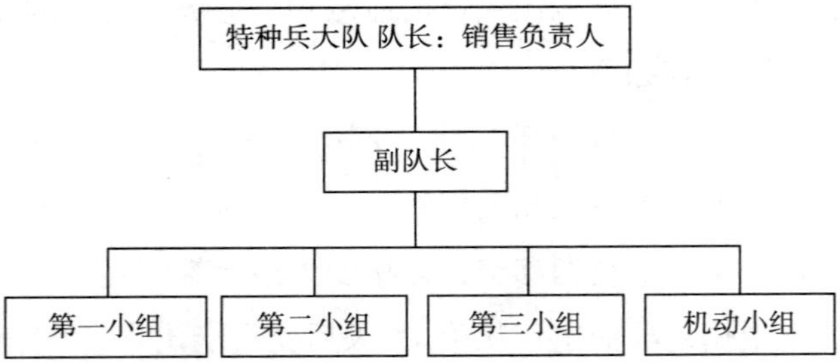

图 9－1　“特种兵行动”基本组织架构

务均由“特种兵”大队全权管理。

“特种兵”大队队长：由销售负责人担任，对行动区域按照预定计划进行宏观管理，对整个大队负责，全面管理大队的各项事物（业务、后勤、财务、人事等）；对所有特种兵组员行使包括财务和人事方面的管理权。

同时特种兵大队队长直接向总经理负责，并接受其领导，制定相应的管理、考核和监督制度，经公司审批后，方可执行。

特种兵大队副队长：副队长由大队长直接任命，主要负责整个大队的后勤保障和支援，并参与业务的管理执行；同时负责业务的计划、执行、反馈和修正以及日常业务的管理和指导。

组长：小组长人选由特种兵大队根据实际情况选出，组长直接对其小组日常工作负责，同时按照特种兵大队既定的行动目标来执行；通过日常工作对小组成员进行管理考核。

组员：每组 4 ~6 人，直接对本小组组长负责，执行各阶段行动计划方案，主要包括：分销网点的开发及上样、意向潜在经销商开发与维护、对合作门店进行系统的讲解和培训、完善客户星级资料。

3. 特种兵人员工作安排必须注意事项：

（1）副大队长必须兼任某组组长，亲自参与特种兵客户拓展、客户维护的工作。

（2）晚间工作总结切忌报流水账，必须就市场成功经验和失败教训做深入探讨，通过充分沟通，逐渐提升参与人员的市场操作技能。

（3）各阶段周会总结，大队长必须参加。

（4）再次强调，此次“特种兵行动”的主要目的是拓展样板市场，培养第一批突击队员。

4. 工作纪律

（1）集中作业期间无休假，如确有事情需请假，由特种兵大队副队长以上人员批准。

（2）人员考核不合格者可由特种兵大队领导就地开除，无须报原单位。

（3）禁止赌博，发现一次，立即就地开除。

（4）绝对服从上级领导的工作安排，否则直接上级可以直接给予相应处罚。

（5）作息时间安排：

8：0－18：00 按计划做日常工作

18：00－18：30 晚餐

19：00－19：45 小组总结计划

19：45－20：30 当天工作汇报及次日工作计划

20：30－21：00 培训（产品、销售技巧巩固）

第六部分　费用预算

（一）第一期费用预算表

第一期费用预算表，如表 9－15 所示：

表 9－15　第一期费用预算表

日期：10 月 1 日—10 月 31 日

项目	标准	说明	小计（元）
住宿费（两人标准间）	人均 80 元/天	需住宿人数 22 人	52800.00

续表

项目	标准	说明			小计（元）
餐费	人均 25 元/天	早餐人均 5 元/天	午餐人均 10 元/天	晚餐人均 10 元/天	16500.00
省内交通费	人均 60 元/天	含轨道交通和巴士交通			39600.00
长途交通费	人均 900 元	中山到南京往返卧铺票每人 900 元，共 22 人			19800.00
团队激励奖	5000 元				5000.00
通讯费	人均 15 元/天	含异地漫游			9900.00
团队总结聚餐	2 次	按每人每次 50 元标准			2200.00
合计					145800.00

备注：(1) 此次行动参与总人数为××人，其中××人属一线人员。
(2) 招商手册、小礼品、笔、笔记本由公司统一提供。

（二）日常工作表格附件

(1) 客户档案表：附名片及详细的客户档案，每日各特种兵上交小组长，并由各小组汇总，做出基本分类，然后归档，并于当日上交到特种兵大队长。

(2) 日报表：记录当日工作情况，计划次日工作（含路线图），并对当天出现的情况做出总结，各小组长需仔细审阅日报表，并根据实际情况给予评价，这是考核的重要依据，也是重要的原始资料，必须每周日 8：00 前将本表格交特种兵大队长。

(3) 星级客户评判分类表（未成交客户）：记录未成交客户基本信息，为下一轮网点开发和后期客户跟进做准备。

(4) 周计划周总结。该表分为两类：一类为机构类，即特种兵大队和特种兵小组使用，各特种兵小组整理后每周交特种兵大队统一归档；一类为个人类，即各特种兵考核使用，由各特种兵入职 15 天后，填写交小组统一归档。

博瑞森图书分类导读图+书目

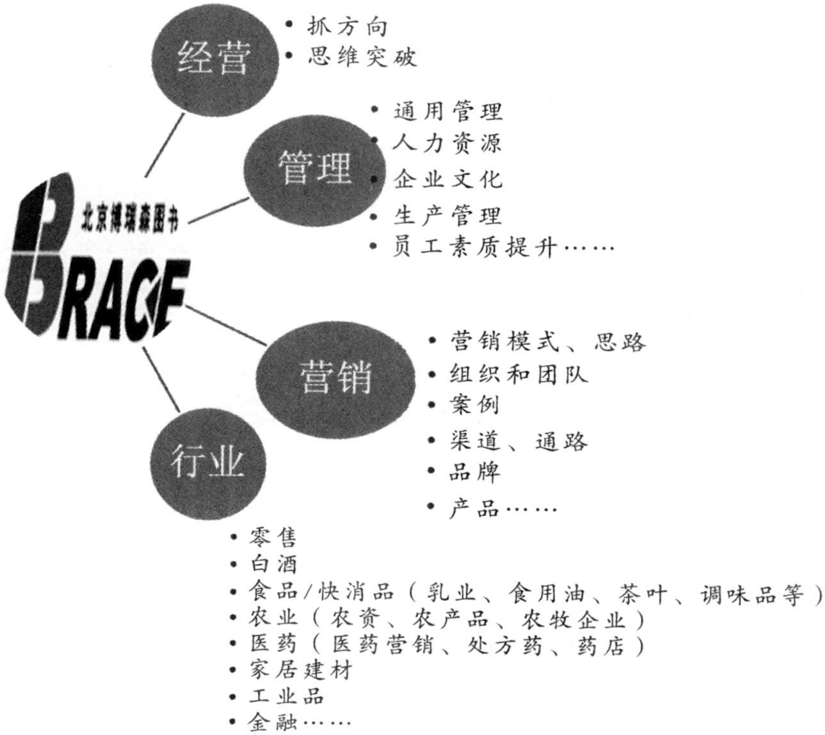

更多实战好书，请关注**“博瑞森管理图书网”**

BRACE 北京博瑞森图书 http://www.bracebook.com.cn

（网站二维码）

行业类：零售、白酒、食品/快消品、农业、医药、建材家居			
	书名. 作者	内容/特色	读者价值
零售·餐饮	**涨价也能卖到翻** 村松达夫 【日】	提升客单价的15种实用、有效的方法	日本企业在这方面非常值得学习和借鉴
	1. **总部有多强大,门店就能走多远** 2. **超市卖场定价策略与品类管理** 3. **连锁零售企业招聘与培训破解之道** 4. **中国首家未来超市:解密安徽乐城** IBMG国际商业管理集团 著	国内外标杆企业的经验+本土实践量化数据+操作步骤、方法	通俗易懂,行业经验丰富,宝贵的行业量化数据,关键思路和步骤
	三四线城市超市如何快速成长:解密甘雨亭 IBMG国际商业管理集团 著	国内外标杆企业的经验+本土实践量化数据+操作步骤、方法	通俗易懂,行业经验丰富,宝贵的行业量化数据,关键思路和步骤
	零售:把客流变成购买力 丁 昀 著	如何通过不断升级产品和体验式服务来经营客流	如何进行体验营销,国外的好经营,这方面有启发
	餐饮企业经营策略第一书 吴 坚 著	分别从产品、顾客、市场、盈利模式等几个方面,对现阶段餐饮企业的发展提出策略和思路	第一本专业的、高端的餐饮企业经营指导书
白酒	**变局下的白酒企业重构** 杨永华 郭 旭 著	帮助白酒企业从产业视角看清趋势,找准位置,实现弯道超车的书	行业内企业要减少90%,自己在什么位置,怎么做,都清楚了
	1. **白酒营销的第一本书** 2. **白酒经销商的第一本书** 唐江华 著	华泽集团湖南开口笑公司品牌部长,擅长酒类新品推广、新市场拓展	扎根一线,实战
	区域型白酒企业营销必胜法则 朱志明 著	为区域型白酒企业提供35条必胜法则,在竞争中赢销的葵花宝典	丰富的一线经验和深厚积累,实操实用
	10步成功运作白酒区域市场 朱志明 著	白酒区域操盘者必备,掌握区域市场运作的战略、战术、兵法	在区域市场的攻伐防守中运筹帷幄,立于不败之地
	酒业转型大时代:微酒精选2014-2015 微酒 主编	本书分为五个部分:当年大事件、那些酒业营销工具、微酒独立策划、业内大调查和十大经典案例	了解行业新动态、新观点,学习营销方法
快消品·食品	**乳业营销第一书** 侯军伟 著	对区域乳品企业生存发展关键性问题的梳理	唯一的区域乳业营销书,区域乳品企业一定要看
	食用油营销第一书 余 盛 著	10多年油脂企业工作经验,从行业到具体实操	食用油行业第一书,当之无愧
	中国茶叶营销第一书 柏 龑 著	如何跳出茶行业"大文化小产业"的困境,作者给出了自己的观察和思考	不是传统做茶的思路,而是现在商业做茶的思路
	变局下的快消品营销实战策略 杨永华 著	通胀了,成本增加,如何从被动应战变成主动的"系统战"	作者对快消品行业非常熟悉、非常实战
	调味品营销第一书 陈小龙 著	国内唯一一本调味品营销的书	唯一的调味品营销的书,调味品的从业者一定要看
	快消品营销:一位销售经理的工作心得2 蒋 军 著	快消品、食品饮料营销的经验之谈,重点突出	来源于实战的精华总结
	快消品营销与渠道管理 谭长春 著	将快消品标杆企业渠道管理的经验和方法分享出来	可口可乐、华润的一些具体的渠道管理经验,实战
	成为优秀的快消品区域经理 伯建新 著	37个"怎么办"分析区域经理的工作关键点	可以作为区域经理的'速成催化器'
	销售轨迹:一位快消品营销总监的拼搏之路 秦国伟 著	本书讲述了一个普通销售员打拼成为跨国企业营销总监的真实奋斗历程	激励人心,给广大销售员以力量和鼓舞
	快消品经销商如何快速做大 杨永华 著	本书完全从实战的角度,评述现象,解析误区,揭示原理,传授方法	为转型期的经销商提供了解决思路,指出了发展方向
	快消品营销人的第一本书:从入门到精通 刘 雷 伯建新 著	快消行业必读书,从入门到专业	深入细致,易学易懂

续表

农业	**农资营销实战全指导** 张　博　著	农资如何向“深度营销”转型，从理论到实践进行系统剖析，经验资深	朴实、使用！不可多得的农资营销实战指导
	农产品营销第一书 胡浪球　著	从农业企业战略到市场开拓、营销、品牌、模式等	来源于实践中的思考，有启发
	变局下的农牧企业 9 大成长策略 彭志雄　著	食品安全、纵向延伸、横向联合、品牌建设……	唯一的农牧企业经营实操的书，农牧企业一定要看
医药	**新医改下医药营销与团队管理** 史立臣　著	探讨新医改对医药行业的系列影响和医药团队管理	帮助理清思路，有一个框架
	医药营销与处方药学术推广 马宝琳　著	如何用医学策划把“平民产品”变成“明星产品”	有真货、讲真话的作者，堪称处方药营销的经典！
	新医改了，药店就要这样开 尚　锋　著	药店经营、管理、营销全攻略	有很强的实战性和可操作性
	OTC 医药代表药店开发与维护 鄢圣安　著	要做到一名专业的医药代表，需要做什么、准备什么、知识储备、操作技巧等	医药代表药店拜访的指导手册，手把手教你快速上手
建材家居	**建材家居营销实务** 程绍珊　杨鸿贵　主编	价值营销运用到建材家居，每一步都让客户增值	有自己的系统、实战
	建材家居门店销量提升 贾同领　著	店面选址、广告投放、推广助销、空间布局、生动展示、店面运营等	门店销量提升是一个系统工程，非常系统、实战
	10 步成为最棒的建材家居门店店长 徐伟泽　著	实际方法易学易用，让员工能够迅速成长，成为独当一面的好店长	只要坚持这样干，一定能成为好店长
	手把手帮建材家居导购业绩倍增：成为顶尖的门店店员 熊亚柱　著	生动的表现形式，让普通人也能成为优秀的导购员，让门店业绩长红	读着有趣，用着简单，一本在手、业绩无忧
工业品	**解决方案营销实战案例** 刘祖轲　著	用 10 个真案例讲明白什么是工业品的解决方案式营销，实战、实用	有干货、真正操作过的才能写得出来
	变局下的工业品企业 7 大机遇 叶敦明　著	产业链条的整合机会、盈利模式的复制机会、营销红利的机会、工业服务商转型机会……	工业品企业还可以这样做，思维大突破
	工业品市场部实战全指导 杜　忠　著	工业品市场部经理工作内容全指导	系统、全面、有理论、有方法，帮助工业品市场部经理更快提升专业能力
金融	**交易心理分析** （美）马克·道格拉斯　著 刘真如　译	作者一语道破赢家的思考方式，并提供了具体的训练方法	不论你是初入股市的新手，或是股票买卖的老手，如果你想在股市中持续一贯地获利，你都应该读一读这本关于股票交易心理学的书，它会让你超脱输家轮回、晋身市场赢家
	精品银行管理之道 崔海鹏　何屹　主编	中小银行转型的实战经验总结	中小银行的教材很多，实战类的书很少，可以看看
	支付战争 Eric M. Jackson 著 徐　彬　王　晓　译	paypal 创业期营销官根据自己的亲身经历，讲述 paypal 从诞生到壮大到成功出售的整个历史过程	激烈、有趣的内幕商战故事！了解美国支付市场的风云巨变
服装	**赚不赚钱靠店长：从懂管理到会经营** 孙彩军　著	通过生动的案例来进行剖析，注重门店管理细节方面的能力提升	帮助终端门店店长在管理门店的过程中实现经营思路的拓展与突破
汽车	**汽车配件这样卖：汽车后市场销售秘诀 100 条** 俞士耀　著	汽配销售业务员必读，手把手教授最实用有用的方法，轻松得来好业绩	快速上岗，专业实效，业绩无忧
产业园区/产业地产	**产业园区/产业地产规划、招商、运营实战** 阎立忠　著	目前中国第一本系统解读产业园区和产业地产建设运营的实战宝典	从认知、策划、招商到运营全面了解地产策划
	人文商业地产策划 戴欣明　著	城市与商业地产战略定位的难度在于不可复制性，需要发现其独一无二的“味道”，这个“味道”就是“中国风”、“民族风”，通过演绎与营造，最终实现差别化定位	突破千城一面的策划困局

续表

<table>
<tr><th colspan="4">经营类：企业如何赚钱，如何抓机会，如何突破，如何“开源”</th></tr>
<tr><th></th><th>书名．作者</th><th>内容/特色</th><th>读者价值</th></tr>
<tr><td rowspan="7">抓方向</td><td>让经营回归简单．升级版
宋新宇　著</td><td>化繁为简抓住经营本质：战略、客户、产品、员工、成长</td><td>经典，做企业就这几个关键点！</td></tr>
<tr><td>公司由小到大要过哪些坎
卢　强　著</td><td>老板手里的一张“企业成长路线图”</td><td>现在我在哪儿，未来还要走哪些路，都清楚了</td></tr>
<tr><td>企业二次创业成功路线图
夏惊鸣　著</td><td>企业曾经抓住机会成功了，但下一步该怎么办？</td><td>企业怎样获得第二次成功，心里有个大框架了</td></tr>
<tr><td>老板经理人双赢之道
陈　明　著</td><td>经理人怎养选平台、怎么开局，老板怎样选/育/用/留</td><td>老板生闷气，经理人牢骚大，这次知道该怎么办了</td></tr>
<tr><td>企业文化的逻辑
王祥伍　黄健江　著</td><td>为什么企业绩效如此不同，解开绩效背后的文化密码</td><td>少有的深刻，有品质，读起来很流畅</td></tr>
<tr><td>使命驱动企业成长
高可为　著</td><td>钱能让一个人今天努力，使命能让一群人长期努力</td><td>对于想做事业的人，‘使命’是绕不过去的</td></tr>
<tr><td>公司大了怎么管：从靠英雄到靠组织
金国华　著</td><td>第一次详尽阐释中国快速成长型企业的特点、问题及解决之道</td><td>帮助快速成长型企业领导及管理团队理清思路，突破瓶颈</td></tr>
<tr><td rowspan="7">思维突破</td><td>跳出同质思维，从跟随到领先
郭　剑　著</td><td>66个精彩案例剖析，帮助老板突破行业长期思维惯性</td><td>做企业竟然有这么多玩法，开眼界</td></tr>
<tr><td>7个转变，让公司3年胜出
李　蓓　著</td><td>消费者主权时代，企业该怎么办</td><td>这就是互联网思维，老板有能这样想，肯定倒不了</td></tr>
<tr><td>麻烦就是需求　难题就是商机
卢根鑫　著</td><td>如何借助客户的眼睛发现商机</td><td>什么是真商机，怎么判断、怎么抓，有借鉴</td></tr>
<tr><td>重生战略：移动互联网和大数据时代的转型法则
沈　拓　著</td><td>在移动互联网和大数据时代，传统企业转型如同生命体打碎与再造，称之为“重生战略”</td><td>帮助企业认清移动互联网环境下的变化和应对之道</td></tr>
<tr><td>画出公司的互联网进化路线图：用互联网思维重塑产品、客户和价值
李　蓓　著</td><td>本书阐述了传统企业在互联网思维下的战略转型之路：重新定义产品——重新寻找客户——重新发现价值</td><td>利用互联网思维结合自己已有的竞争优势，你也可以创建一个有着无限成长空间的新企业</td></tr>
<tr><td>移动互联新玩法：未来商业的格局和趋势
史贤龙　著</td><td>在这个大变革的风口，每个人、每个企业其实只有两种状态：跟上步伐的，时代推着你走；跟不上步伐的，时代拖着你走。就是说，每个人只有两个选择：不被思想灼醒，就被时代灼伤</td><td>每一个企业人，都应该读一读这本书，深刻的思想和前瞻性能让您受益匪浅</td></tr>
<tr><td>简单思考：AMT咨询创始人自述
孔祥云　著</td><td>记录了作为一个创业者——著名咨询公司（AMT）的CEO创业历程中点点滴滴的经验与思考</td><td>思考可以简单，经营也可以简单。每一位咨询人，每一位创业者和管理经营者，都值得一读</td></tr>
<tr><th colspan="4">管理类：效率如何提升，如何实现经营目标，如何“节流”</th></tr>
<tr><th></th><th>书名．作者</th><th>内容/特色</th><th>读者价值</th></tr>
<tr><td rowspan="4">通用管理</td><td>1. 让管理回归简单．升级版
2. 让经营回归简单．升级版
3. 让用人回归简单
宋新宇　著</td><td>宋博士的“简单”三部曲，影响20万读者，非常经典</td><td>被读者热情地称作“中小企业的管理圣经”</td></tr>
<tr><td>边干边学做老板
黄中强　著</td><td>创业20多年的老板，有经验、能写、又愿意分享，这样的书很少</td><td>处处共鸣，帮助中小企业老板少走弯路</td></tr>
<tr><td>阿米巴经营的中国模式
李志华　著</td><td>让员工从“要我干”到“我要干”，价值量化出来</td><td>阿米巴在企业如何落地，明白思路了</td></tr>
<tr><td>欧博心法：好管理靠修行
曾　伟　著</td><td>用佛家的智慧，深刻剖析管理问题，见解独到</td><td>如果真的有‘中国式管理’，曾老师是其中标志性人物</td></tr>
</table>

续表

通用管理	**1. 用流程解放管理者** **2. 用流程解放管理者 2** 张国祥　著	中小企业阅读的流程管理、企业规范化的书	通俗易懂,理论和实践的结合恰到好
	跟我们学建流程体系 陈立云　著	畅销书《跟我们学做流程管理》系列,更实操,更细致,更深入	更多地分享实践,分享感悟,分享从实践总结出来的方法论
	低效会议怎么改:每年节省一半会议成本的秘密 王玉荣　著	教你如何系统规划公司的各级会议,一本工具书	教会你科学管理会议的办法
	年初订计划,年尾有结果:战略落地七步成诗 郭晓　著	7 个步骤教会你怎么让公司制定的战略转变为行动	系统规划,有效指导计划实现
人力资源	**回归本源看绩效** 孙　波　著	让绩效回顾"改进工具"的本源,真正为企业所用	确实是来源于实践的思考,有共鸣
	曹子祥教你做绩效管理 曹子祥　著	复杂的理论通俗化,专业的知识简单化,企业绩效管理共性问题的解决方案	轻松掌握绩效管理
	把招聘做到极致 远　鸣　著	作为世界 500 强高级招聘经理,作者数十年招聘经验的总结分享	带来职场思考境界的提升和具体招聘方法的学习
	走出薪酬管理误区 全怀周　著	剖析薪酬管理的 8 大误区,真正发挥好枢纽作用	值得企业深读的实用教案
	集团化人力资源管理实践 李小勇　著	对搭建集团化的企业很有帮助,务实,实用	最大的亮点不是理论,而是结合实际的深入剖析
	人才评价中心．超级漫画版 邢　雷　著	专业的主题,漫画的形式,只此一本	没想到一本专业的书,能写成这效果
	我的人力资源咨询笔记 张　伟　著	管理咨询师的视角,思考企业的 HR 管理	通过咨询师的眼睛对比很多企业,有启发
	本土化人力资源管理 8 大思维 周　剑　著	成熟 HR 理论,在本土中小企业实践中的探索和思考	对企业的现实困境有真切体会,有启发
	HRBP 是这样炼成的——菜鸟起飞 新　海　著	以小说的形式,具体解析 HRBP 的职责,应该如何操作,如何为业务服务	实践者的经验分享,内容实务具体,形式有趣
企业文化	**华夏基石方法:企业文化落地本土实践** 王祥伍　谭俊峰　著	十年积累、原创方法、一线资料,和盘托出	在文化落地方面真正有洞察,有实操价值的书
	企业文化的逻辑 王祥伍　著	为什么企业之间如此不同,解开绩效背后的文化密码	少有的深刻,有品质,读起来很流畅
	企业文化激活沟通 宋杼宸　安琪　著	透过新任 HR 总经理的眼睛,揭示出沟通与企业文化的关系	有实际指导作用的文化落地读本
生产管理	**高员工流失率下的精益生产** 余伟辉　著	中国的精益生产必须面对和解决高员工流失率问题	确实来源于本土的工厂车间,很务实
	车间人员管理那些事儿 岑立聪　著	车间人员管理中处理各种"疑难杂症"的经验和方法	基层车间管理者最闹心、头疼的事,'打包'解决
	1. 欧博心法:好管理靠修行 **2. 欧博心法:好工厂这样管** 曾　伟　著	他是本土最大的制造业管理咨询机构创始人,他从 400 多个项目、上万家企业实践中锤炼出的欧博心法	中小制造型企业,一定会有很强的共鸣
	欧博工厂案例 1:生产计划管控对话录 **欧博工厂案例 2:品质技术改善对话录** **欧博工厂案例 3:员工执行力提升对话录** 曾　伟　著	最典型的问题、最详尽的解析,工厂管理 9 大问题 27 个经典案例	没想到说得这么细,超出想象,案例很典型,照搬都可以了

续表

生产管理	苦中得乐：管理者的第一堂必修课 曾　伟　编著	曾伟与师傅大愿法师的对话，佛学与管理实践的碰撞，管理禅的修行之道	改善心境，提升境界，从容做管理
	比日本工厂更高效1：管理提升无极限 刘承元　著	以精益管理为切入点，围绕制造类企业最关心的问题，从理论知识、实操指导、案例分析等多角度进行专业阐述，权威专业、可读性强	掌握制造管理的精髓
	比日本工厂更高效2：超强经营力 刘承元　著	本书主要分析了在已经发生了根本变化的市场竞争环境下，企业经营压力越来越大的现实。指出企业要获得持续盈利，最根本的就是开源和节流，即销售最大化，费用最小化。绩效改进要从战略落地开始，企业要制定一个切实可行的经营计划以及确保计划顺利实施的各项管理指标，使之切实可行，即企业就必须构建一个可持续的全面创新经营架构	掌握提升工厂效率的全新方法
	比日本工厂更高效3：持续改善力 刘承元　著	工厂全面改善系统有其独特的目的取向特征，它不仅追求有形的经济效果，更重要的是追求建立持续改善的机制和文化，着眼于企业经营体质（持续竞争力）的建设与提升	用持续改善力来飞速提升工厂的效率，高效率能够带来意想不到的高效益
员工素质提升	跟老板"偷师"学创业 吴江萍　余晓雷　著	边学边干，边观察边成长，你也可以当老板	不同于其他类型的创业书，让你在工作中积累创业经验，一举成功
	销售轨迹：一位快消品营销总监的拼搏之路 秦国伟　著	本书讲述了一个普通销售员打拼成为跨国企业营销总监的真实奋斗历程	激励人心，给广大销售员以力量和鼓舞
	在组织中绽放自我：从专业化到职业化 朱仁健　王祥伍　著	个人如何融入组织，组织如何助力个人成长	帮助企业员工快速认同并投入到组织中去，为企业发展贡献力量
	企业员工弟子规：用心做小事，成就大事业 贾同领　著	从传统文化《弟子规》中学习企业中为人处事的办法，从自身做起	点滴小事，修养自身，从自身的改善得到事业的提升

营销类：把客户需求融入企业各环节，提供"客户认为"有价值的东西

	书名．作者	内容/特色	读者价值
营销模式	变局下的营销模式升级 程绍珊　叶宁　著	客户驱动模式、技术驱动模式、资源驱动模式	很多行业的营销模式被颠覆，调整的思路有了！
	卖轮子 科克斯　【美】	小说版的营销学！营销核心理念巧妙贯穿其中，贵在既有趣，又有深度	经典、有趣！一个故事读懂营销精髓
	弱势品牌如何做营销 李政权　著	中小企业虽有品牌但没名气，营销照样能做的有声有色	没有丰富的实操经验，写不出这么具体、详实的案例和步骤，很有启发
	老板如何管营销 史贤龙　著	不要认为营销就是4个P、C、R的概念游戏，揭开营销智慧助力企业成功的内在奥秘	高段位营销16招，好学好用，老板能看，营销人也能看
	动销：产品是如何畅销起来的 吴江萍　余晓雷　著	真真切切告诉你，产品究竟怎么才能卖出去！突破产品滞销困局的实战宝典	击中痛点，提供方法，你值得拥有

续表

组织和团队	**升级你的营销组织** 程绍珊　吴越舟　著	用"有机性"的营销组织力替代"营销能人"，把营销团队变成"铁营盘"	营销队伍最难管，程老师不愧是营销第1操盘手，步骤、方法都很成熟
	用数字解放营销人 黄润霖　著	通过量化帮助营销人员提高工作效率	作者很用心，很好的常备工具书
	成为优秀的快消品区域经理 伯建新　著	37个"怎么办"分析区域经理的工作关键点	可以作为区域经理的'速成催化器'
	一位销售经理的工作心得 蒋　军　著	一线营销管理人员想提升业绩却无从下手时，可以看看这本书	一线的真实感悟
	快消品营销：一位销售经理的工作心得2 蒋　军　著	快消品、食品饮料营销的经验之谈，重点突出	来源于实战的精华总结
	销售轨迹：一位快消品营销总监的拼搏之路 秦国伟　著	本书讲述了一个普通销售员打拼成为跨国企业营销总监的真实奋斗历程	激励人心，给广大销售员以力量和鼓舞
	用靠谱的营销计划锁定胜局：用数字解放营销人2 黄润霖　著	全方位教你怎么做好营销计划，好学好用真简单	照搬套用就行，做营销计划再也不头痛
案例	**解决方案营销实战案例** 刘祖轲　著	用10个真案例讲明白什么是工业品的解决方案式营销，实战、实用	有干货、真正操作过的才能写得出来
	我们的营销真案例 联纵智达研究院　著	五芳斋粽子从区域到全国/诺贝尔瓷砖门店销量提升/利豪家具出口转内销/汤臣倍健的营销模式/娃哈哈联销体	选择的案例都很有代表性，实在、实操！
	招招见销量的营销常识 刘文新　著	如何让每一个营销动作都直指销量	适合中小企业，看了就能用
	中国首家未来超市：解密安徽乐城 IBMG国际商业管理集团　著	零售企业的未来在哪里？本书深入挖掘了安徽乐城超市的试验案例，为零售企业未来的发展提供了一条可借鉴之路	通俗易懂，行业经验丰富，宝贵的行业量化数据，关键思路和步骤
	中国营销战实录：令人拍案叫绝的营销真案例 联纵智达　著	51个案例，42家企业，38万字，18年，累计2000余人次参与……	最真实的营销案例，全是一线记录，开阔眼界
产品	**产品炼金术Ⅰ：如何打造畅销产品** 史贤龙　著	满足不同阶段、不同体量、不同行业企业对产品的完整需求	必须具备的思维和方法，避免在产品问题上走弯路
	产品炼金术Ⅱ：如何用产品驱动企业成长 史贤龙　著	做好产品、关注产品的品质，就是企业成功的第一步	必须具备的思维和方法，避免在产品问题上走弯路
	新产品开发管理，就用IPD 郭富才　著	10年IPD研发管理咨询总结，国内首部IPD专业著作	一本书掌握IPD管理精髓
品牌	**中小企业如何建品牌** 梁小平　著	中小企业建品牌的入门读本，通俗、易懂	对建品牌有了一个整体框架
	采纳方法：破解本土营销8大难题 朱玉童　编著	全面、系统、案例丰富、图文并茂	希望在品牌营销方面有所突破的人，应该看看
	中国品牌营销十三战法 朱玉童　编著	总结归纳了采纳20年来的品牌策划方式方法，并将其总结提炼成了13条战法，同时配有大量的案例	众包方式写作，丰富案例给人启发，极具价值
渠道通路	**快消品营销与渠道管理** 谭长春　著	将快消品标杆企业渠道管理的经验和方法分享出来	可口可乐、华润的一些具体的渠道管理经验，实战
	传统行业如何用网络拿订单 张　进　著	给老板看的第一本网络营销书	适合不懂网络技术的经营决策者看
	采纳方法：化解渠道冲突 朱玉童　编著	系统剖析渠道冲突，21个最新的渠道冲突案例、情景式讲解，37篇专题讲义	系统、全面
	学话术　卖产品 张小虎　著	分析常见的顾客异议，提出破解方案，将复杂的销售程序化，将优秀的话术模块化	让普通导购员也能成为销售精英